Pflanzenseelen

Gedichte
und Gedanken

Das SeelenWiesenProjekt (2)

Franky Körber
Nicole Taebi

Verlag: BoD · Books on Demand GmbH,
Überseering 33, 22297 Hamburg,
bod@bod.de
Druck: Libri Plureos GmbH,
Friedensallee 273, 22763 Hamburg

ISBN: 978-3-8192-6577-8

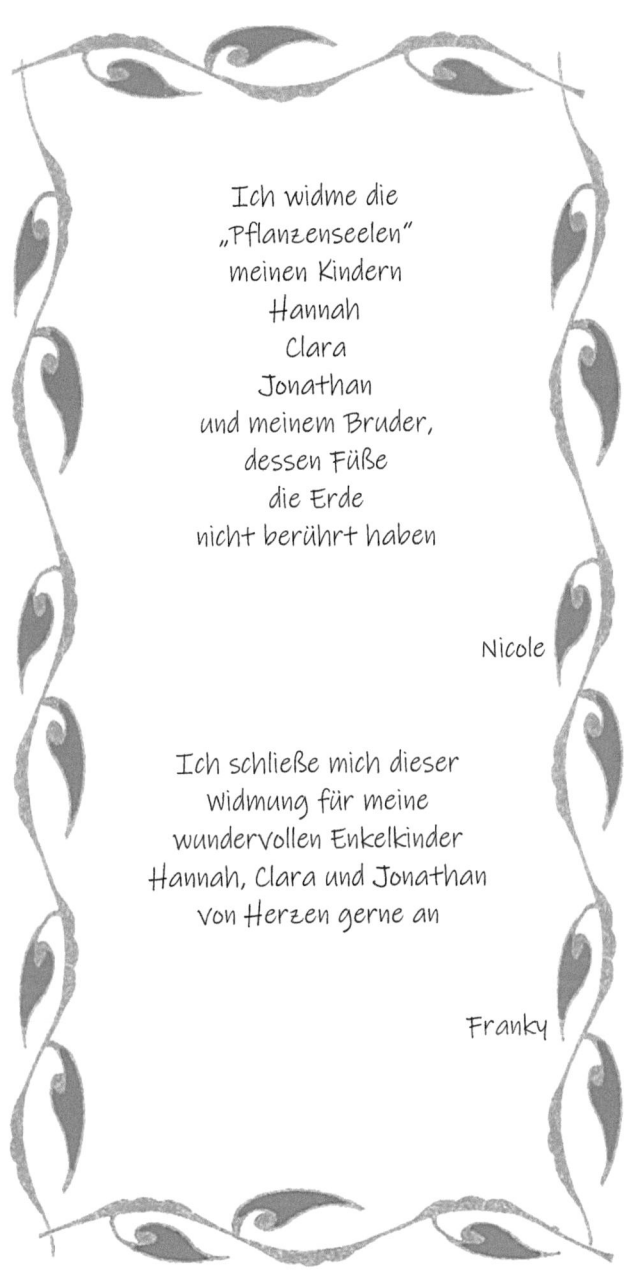

Ich widme die
„Pflanzenseelen"
meinen Kindern
Hannah
Clara
Jonathan
und meinem Bruder,
dessen Füße
die Erde
nicht berührt haben

Nicole

Ich schließe mich dieser
Widmung für meine
wundervollen Enkelkinder
Hannah, Clara und Jonathan
von Herzen gerne an

Franky

Prolog

Hast Du schon mal einen Baum umarmt oder ein Tier in der Natur beobachtet? Was macht es mit Dir?

Ich spüre deutlich in mir, und beobachte dies auch bei anderen Menschen, wenn ich mich in welcher Form auch immer mit der Natur verbinde, kehren Ruhe und Frieden ein in mein Nervensystem. Die Gesichtszüge entspannen sich, der Atem fließt, Verspannungen lösen sich. Ich werde ruhig. Ich komme bei mir an. Ich lasse unweigerlich los, was mich zuvor noch umgetrieben hat. Meine Gedanken schweifen ab. Ich bin im Hier und Jetzt. Mit dem Baum, mit dem Tier, mit der Pflanze, dem Pilz, dem Stein, umarmt von Wurzeln, dem Wind, der das Wasser bewegt, dem Vogel, der über mir kreist und zu mir spricht, der Kohlmeise, welche auf der Stelle flattert und lustig von Ast zu Ast hüpft, dem Eichhörnchen, dass frech und vertrauensvoll hinter dem Stamm hervorlugt oder der Katze, die mich auf der Straße streift, dem

Gras, auf dem ich liege, dass mich
hält, duftet, in dem ich mit meinen
Fingern spiele, dem Stein auf dem ich
sitze, der sich so stark anfühlt, dem
Hund, der mir freundlich entgegen
rennt und mit dem Schwanz wedelt,
der Biene, die ich ehrfürchtig in ihrem
Tun beobachte, den Sonnenstrahlen,
die nicht mehr für mich tun müssen,
als mich zu berühren und schon fließen
die Wärme und das Licht in mir.

Dieses Buch ist ein Geschenk an
Mutter Erde, ein Dank für all die
Geschenke, die Du uns machst.
Eine Erinnerung an alle Menschen, in
allen Lebenssituationen, angestrengt,
krank, traurig sich zu besinnen , was
hier vor uns liegt. Verlasst die Häuser
und den Pflasterstein; und wenn es nur
in Gedanken ist. Begebt Euch in die
Hände von Gaya, unserer großen
Mutter. Sie trägt uns alle, immer und
für immer. Wir bedanken uns auch in
Ehrfurcht dafür, dass dieses Buch zu
Dir gefunden hat.

Frei aus unseren Herzen,
Nicole und Franky

Wurzeln (1)

Nicole

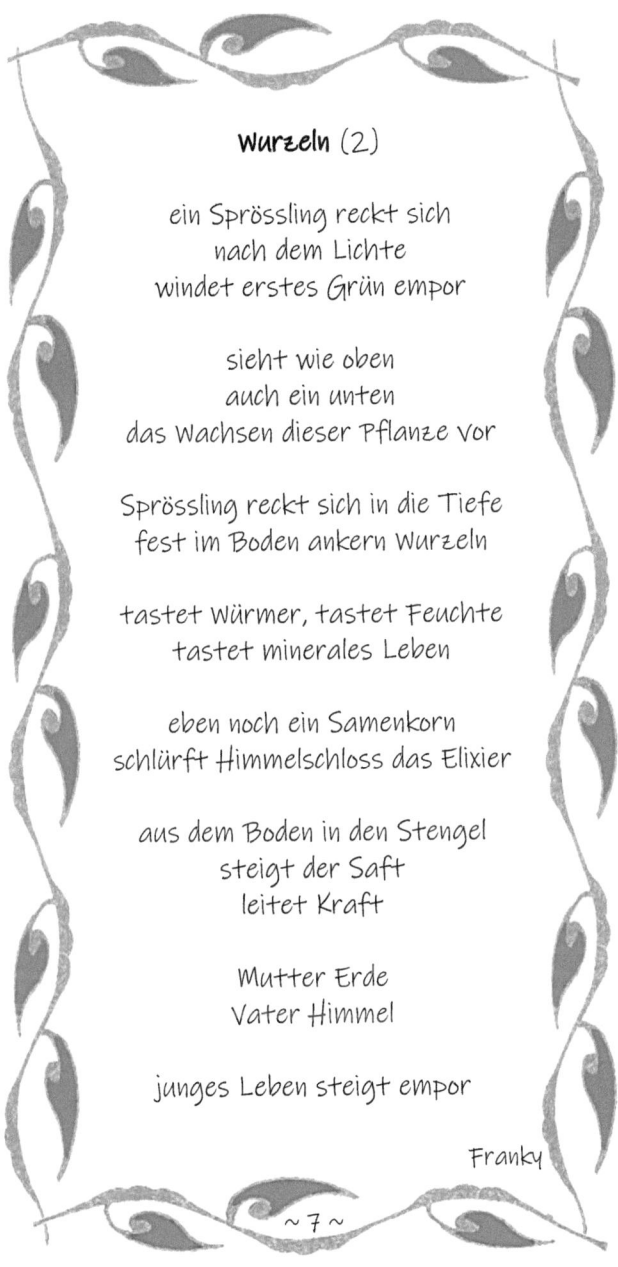

Wurzeln (2)

ein Sprössling reckt sich
nach dem Lichte
windet erstes Grün empor

sieht wie oben
auch ein unten
das Wachsen dieser Pflanze vor

Sprössling reckt sich in die Tiefe
fest im Boden ankern Wurzeln

tastet Würmer, tastet Feuchte
tastet minerales Leben

eben noch ein Samenkorn
schlürft Himmelschloss das Elixier

aus dem Boden in den Stengel
steigt der Saft
leitet Kraft

Mutter Erde
Vater Himmel

junges Leben steigt empor

Franky

Vom Samen ins Sein

der Morgen erwachte
hauchte den frischen Tau
über das Land

inmitten einer Blumenwiese
schob sich ein schüchterner Spross
durch die lehmige Krume

seit Tagen schon
drehte und drückte sich
ein zarter Stengel
dem Licht entgegen

seit Tagen schon
scharrte und kratzte
eine frisch geborene Blumenelfe
ebenso zart wie der Stengel
den Lehm beiseite

an diesem wundervollen Frühlingstag
erblickten
eine namenlose Blumenelfe
und ein namenloses
Himmelschlüsselchen
erschöpft und glücklich
das Licht der Welt

Franky

Pflanzen

klitzeklein
riesengroß

gelb, blau, rot

spitz und rund
dick und dünn

zart und stark

Nicole

Das erste Blatt

Die ersten Keim-Blätter sind für jede
Pflanze immer sehr besonders. In
ihren Genen trägt die Pflanze bereits
alles Wissen ihrer Art. Doch wie auch
wir, weiß sie noch nichts davon. Sie
wächst allein in diese Welt. Da ist nur
jene liebe Elfe, die sie hegt, ihr hilft
zu wachsen, zu gedeihen.
Das erste Blatt, es ist für sie so
phantastisch. Erst waren Stengel nur
und Wurzeln, war ein Recken gen
Himmel, ein Kriechen, ein Bohren und
graben in der Dunkelheit.
Das erste Blatt, nun rollt es sich aus,
dem Flügel eines Schmetterlings recht
ähnlich. Und gleich darauf beginnt es
seine ihm vorbestimmte Zirkulation.
Es saugt Wasser ein durch den Stil.
Es streckt sich nach der Sonne. Es
atmet Kohlenstoffoxyd. Voller Freude
prustet es Sauerstoff in den blauen,
wundervollen Himmel.
Die Blumenelfe teilt die Freude. Sie
tanzt auf dem Blatt, wiegt sich in
der Sonne. Ihr Odem ist Liebe und
Glück in diesem legendären Augenblick.

Franky

Gänseblümchen

Nicole

Wälderschein

manche Wälder sind sich eins
Wachsen-Wonne-Harmonie
Streicheln einander
im Kronendach
flüstern sich ein Liebeslied

manche Wälder sind sich grün
kümmern sich um ihresgleichen
füttern Junge, stützen Alte
raunen Trost, wenn ihnen kalt ist

teilen Wasser, Sonne, Schatten
lachen, dass die Äste knacken
lauschen weiser Bäume Mären
träumen, dass sie Wolken wären

Vogelnester, Bett und Lager
Horst und Kobel schützen sie
den Bau, der ihre Wurzeln kitzelt
Du glaubst es nicht?
das spüren sie

wenn solche Wälder freundlich atmen
der Wälderschein gen Himmel führt
erwidern sie der Mutter Liebe
ist Mutter Erde angerührt

Franky

Vom Blatt zur Blüte

dem ersten folgt ein zweites Blatt
ein drittes, viertes sprießt empor
ein Ring aus Grün
verströmt bereits den Duft
der so betörend dem Frühling
sehnend sich entgegen reckt

das Wurzelwerk noch zart geästelt
zieht Minerale aus den Soden
gelöst in feinen Wassertropfen
erwächst ein Stengel
aus dem Boden

der Stengel bildet erste Knospen
sehr unscheinbar noch im Moment
doch schon erwächst ihm eine Dolde
hab ich die Elfe schon erwähnt?

Blütenstand und Elfe tanzen
locken Bienen, Hummeln an
um einander zu bestäuben
träumen schon

vom nächsten Jahr

Franky

Erntezeit

Lange bevor wir die Medizin erfanden,
pflückten Heilwissende die Blüten und
Blätter des Himmelschlüssels im Mai.
Die Wurzeln gruben sie im Herbst aus.

Bereits der Duft entfaltet seine
heilende Wirkung auf die Sinne wie
auch beim Ent~Zünden. Und erst
Blätter und Blüten ...

Stirbt dann die Pflanze, weil sie
gepflückt wurde oder aus Müdigkeit,
so stirb die Elfe ebenfalls.
Doch dies ist kein Grund zur Trauer.
Beide wissen um ihre Wiedergeburt im
kommenden Jahr.

So gleitet ihre Seele beinahe
schwerelos durch den Raum, in dem
Verstehen, welch wunderbare
Unterstützung ihr Wirken zahllosen
Menschen, Tieren und weiteren Wesen
zuteil wurde.

Der Pflanzensaft erloschen, leben die
Schwingen ihres Duftes fort.

Franky

Erscheinen

die Pflanzen kamen auf die Erde

die Erde freute sich

auch die Sonne
begrüßte die Pflanzen

die Pflanzen freuten sich

Joni und Noam
(10 Jahre alt)

Myzel

ein Kreis von Pilzen
Fliegenpilzen, um genau zu sein
wuchs auf der Wiese im Wald

in dessen Mitte
Hex-Hex
wuchs ein schwarzes Bilsenkraut

sie liebten diesen Ort
die klugen, weisen Frauen

legten sich bei Vollmond
hinein in diesen Kreis

das Myzel umgarnte ihre Sinne
verführte sie zu Reisen
die weisen
klugen Frauen

durften im Seelenland verweilen
die Seelen der Ahnen
wie auch der Alten
und Kinder

zu heilen

Franky

Nest der Lerchen

auf einer Wiese
im hohen Gras
bauten die Lerchen ein Nest

Stöckchen um Stöckchen
webten sie ein
sie legte bald 3 Eier hinein

hoch in den Wolken
kreiste die Weihe
suchte nach Futter für ihre Brut
erblickte die Lerche
erblickte die Eier
befand diese Beute für gut

nahe dem Nest spielten Gräserelfen
erkannten sehr schnell die Gefahr
eilten herbei der Lerche zu helfen
flochten aus Gräsern
ein schützendes Dach

das Nest verschwand
vor den Augen der Weihe
so zog sie weiter ihre Kreise
und sah es den Elfen nach

Franky

Erinnerung aus der Kindheit

L
ö
w
e
n
z
a
h
n
!

Franky

Familienseelen

einst beschloss ein alter Eichenhain
die Seelen aller Eichen im Hain
in ein gemeinsames Seelenrefugium
zu betten

an Windstillen Tagen
wenn es wirklich
mucksmäuschenstill ist
kannst Du in diesem Hain
das Tuscheln der Seelen spüren

es klingt beinahe
wie das Summen und Wuseln
in einem Bienennest

nur viel, viel leiser

mich überrascht es
immer wieder
dass die uralten Seelen
dieser uralten Eichen
in diesem uralten Hain
sie soviel
zu erzählen haben

Franky

Lauf der Dinge

wenn der Baum kahl ist
riecht die Luft eisig
wachsen die Knospen
singen die Lerchen
aus der Knospe dreht sich
das frische grüne Blatt heraus

aus kleinen Gebilden werden Blüten
die Welt duftet süß und bunt

die Blätter wachsen
bis sie nicht mehr wachsen

und aus den Blüten werden Früchte
mmhhh, wie die duften
sie schmecken Mensch und Tier

es bläst ein Wind
er treibt die Blätter von den Bäumen

die Menschen fangen an zu träumen

Zeit für Tee

Danke lieber Baum
für die Blätter und die Blüten

Nicole

Wie stirbt ein Baum?

(wer sagt, dass Gedichte immer
schön sein müssen?)

ein Baum vertrocknet
(er verdurstet nicht)
oder
ein Baum wird gefällt
oder
ein Baum wird
durch Pilze zersetzt
oder
eine Baumrinde wird
durch Käfer untergraben
oder
ein Baum ist müde
oder
ein Baum macht Platz
für junge Bäume
oder
ein Baum verbrennt
oder
ein Baum erstickt
oder
ein Baum
wird von Parasiten befallen

all das ist möglich

Franky

Die Neun

Beifuß als UNA das erste
unter den Kräutern der Heilung
es reinigt die Aura
Nessel heilt entzündetes Gebein
Fenchel, Wegerich und **Kresse**
heilen Hals und Atemwege
Kamille heilt Wundgeplagtes
Heilziest im feinen Rauch
schützt und heilt
Seele und Haus
Kerbel treibt Vergiftung aus
Wildapfel pflegt Dir
Nerven und Lymphe

seit tausenden von Jahren
haben diese Kräuter
ihre Seelen
der Heilung
von Mensch und Tier
verschrieben,
dafür sage ich
aus tiefstem Herzen
Dank

Franky

Freedom

wir sind Pflanzen

wir wachsen

wo wir wollen

wir wachsen

wild und durcheinander

nicht in Reih und Glied

Nicole

Seelenreisen

wir trennen nicht den Tag
von der Nacht

wir sind hier an diesem Ort

tauchen die Wurzeln
fest in Gaias Schoß

gleichwohl unsere Seelen wandern
schweifen umher

gleiten durch die Sphären

der Oben Welt
der Unten Welt

der morphischen Ethik

was Ihr Erleuchtung nennt

ist uns die Verbindung

immerwährend

immer da

Franky

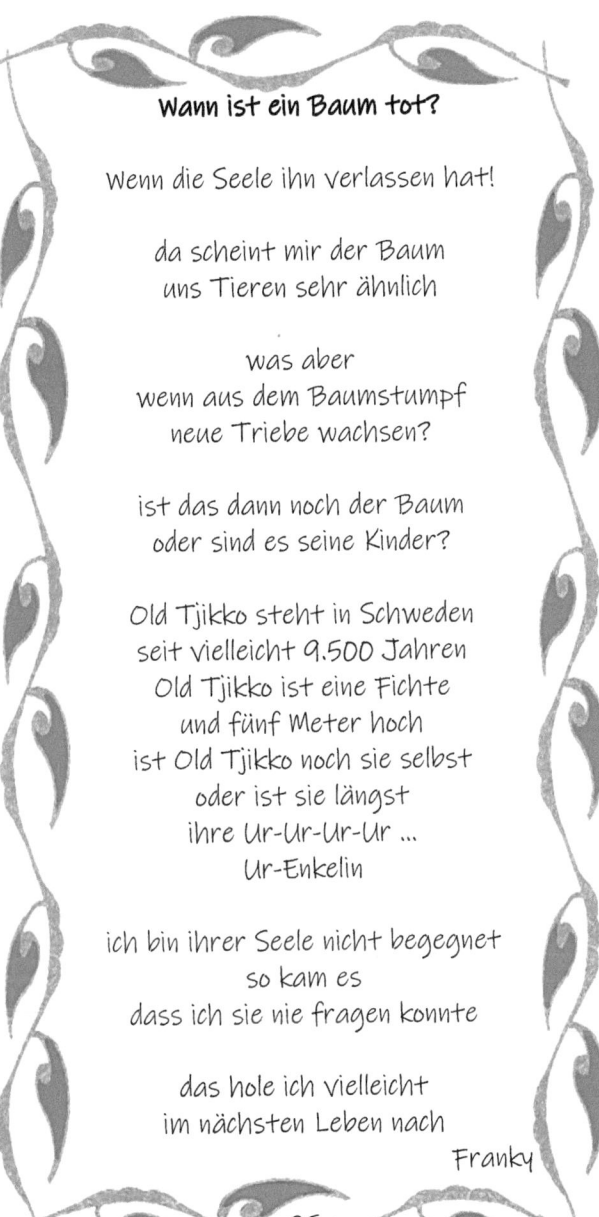

Wann ist ein Baum tot?

Wenn die Seele ihn verlassen hat!

da scheint mir der Baum
uns Tieren sehr ähnlich

was aber
wenn aus dem Baumstumpf
neue Triebe wachsen?

ist das dann noch der Baum
oder sind es seine Kinder?

Old Tjikko steht in Schweden
seit vielleicht 9.500 Jahren
Old Tjikko ist eine Fichte
und fünf Meter hoch
ist Old Tjikko noch sie selbst
oder ist sie längst
ihre Ur-Ur-Ur-Ur ...
Ur-Enkelin

ich bin ihrer Seele nicht begegnet
so kam es
dass ich sie nie fragen konnte

das hole ich vielleicht
im nächsten Leben nach

Franky

Ehrfurcht

Du sperrst mich in einen Topf

na gut - dann will ich Dein Freund sein

ich ergebe mich meinem Schicksal
Dir zu dienen

nun pflege mich gut

befreie meine Blätter von Staub

schenke mir Nahrung

höre mir zu

in einem schönen großen Topf

bin ich noch prachtvoller

schenk mir einen Tontopf

schau nach mir

lass uns Freunde sein

Nicole

Großes Volk

sattes Grün
frisch gewachsen

grüngelb
Von der warmen Sonne

silbergrün
im Wind

gelbe Tupfen
Butterblume

GRASGRÜN

Nicole

Blumenelfen verwöhnen

Elfen sind sehr viel feinstofflichere Wesen als wir. Ich möchte ihre Umgebung gerne als eine andere, leichtere, höhere Dimension bezeichnen (nicht unbedingt im Sinne der Physik). Sie pflegen Pflanzen durch eine Art Streicheleinheit ihrer Gedanken.

Vielleicht kennst Du das ja auch. Je intensiver Du Dich um Deine Pflanze kümmerst, desto prächtiger gedeiht sie. Es findet ein energetischer Austausch statt, dem Reiki gar nicht so unähnlich.

Blumenelfen für ihre Arbeit zu danken, funktioniert ebenfalls recht gut durch die Wege über Deine Gedanken.

Wenn Du eine Blumenelfe besonders erfreuen möchtest, dann stelle ihr eine Schale mit frischen Früchten in den Garten. Sie wird die Früchte nicht essen, sich jedoch an den Düften und Aromen, an den Schwingungen laben.

Franky

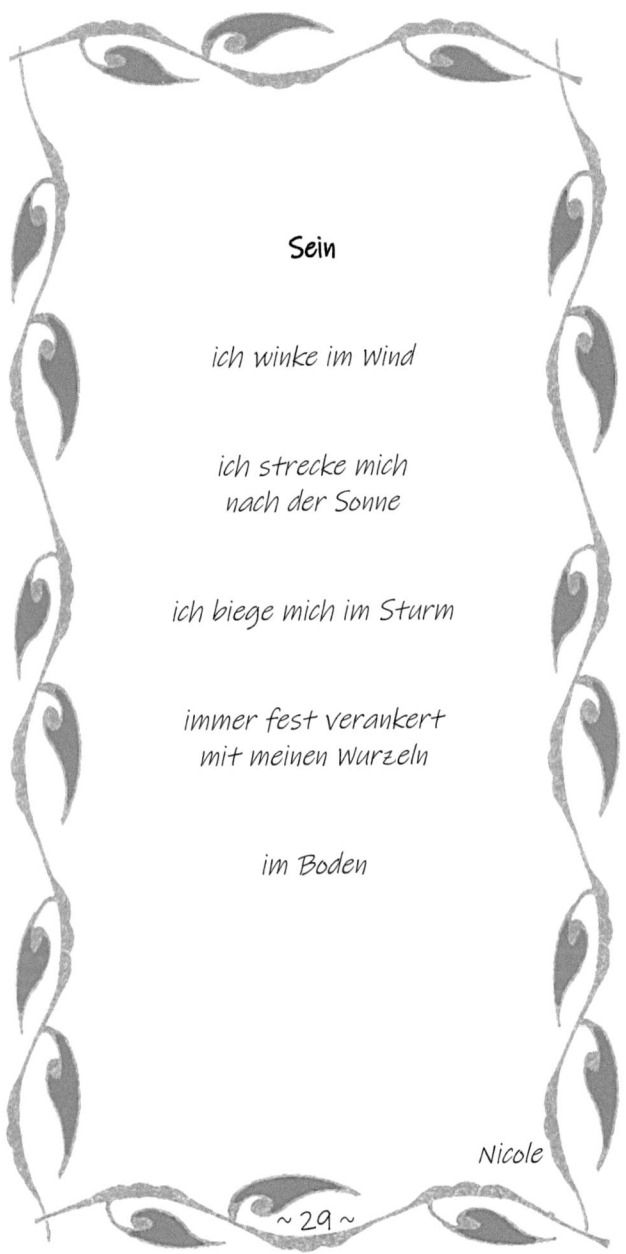

Sein

ich winke im Wind

ich strecke mich
nach der Sonne

ich biege mich im Sturm

immer fest verankert
mit meinen Wurzeln

im Boden

Nicole

Mittler der Deutung

Wie kann eine Pflanze oder gar ein Spross erschöpft und glücklich sein. Das klingt absurd.

Pflanzen existieren wie wir auf einer physikalisch-biologischen und einer Schwingungsebene. Die Physik der Pflanze mag weitgehend dem entsprechen, was wir bislang wissen, wenngleich uns sicher noch die eine oder andere feinstoffliche Ebene bei der Betrachtung fehlt.

Die Wahrnehmung der Schwingung von Pflanze und Mensch mag recht unterschiedlich sein. Um helfen und heilen zu können, bedarf es eines Übersetzers. Da wir Menschen gerne visualisieren, bringe ich hier die Blumenelfen als Mittler ins Spiel. Kannst Du sie sehen?

Stell Dir einen wohltuenden, heilenden Duft vor, etwa den des Salbei. Dieser Duft wirkt als Schwingung unter anderem auf Dein Gemüt. Er kann Empfindungen auslösen. Und eben hier bedarf es einer Schnittstelle von dem Empfindungsbewusstsein des Salbei zu dem Deinen, da hilft die Elfe.

Franky

Wiesenschaum

weiße Tupfer
auf einer sanften Sommerwiese
weiße Tupfer
zwischen gelbem Löwenzahn
saftig grünem wilden Majoran
winzigen Vergissmeinnicht
weißen Glockenblumen
lila Glockenblumen
und Kuhfladen

ein zarter Wind kommt auf

in diesem Idyll
traut er sich kaum zu atmen

das Gras in vollem Saft
wiegt der Wiesenschaum
wie Wolken im Wind
umschwärmt von Bienen
umschwärmt von Hummeln

bewundert von Besuchern
aus zahllosen Welten

die Tore weit
kurz vor Mittsommer

Franky

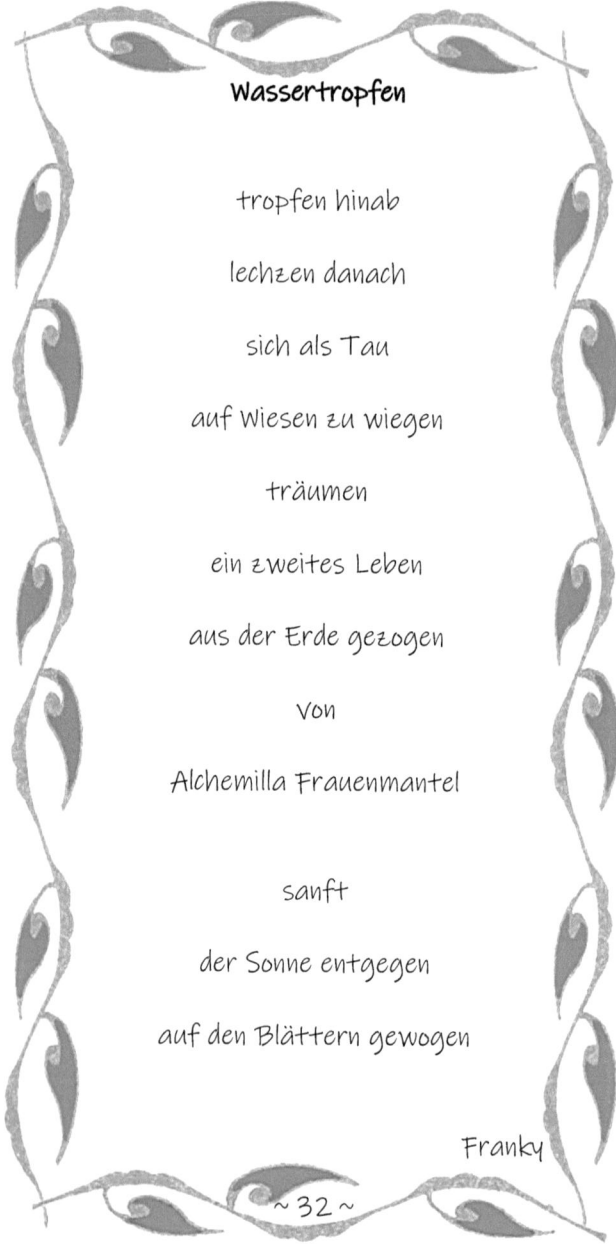

Wassertropfen

tropfen hinab

lechzen danach

sich als Tau

auf Wiesen zu wiegen

träumen

ein zweites Leben

aus der Erde gezogen

von

Alchemilla Frauenmantel

sanft

der Sonne entgegen

auf den Blättern gewogen

Franky

Wasserpflanzen

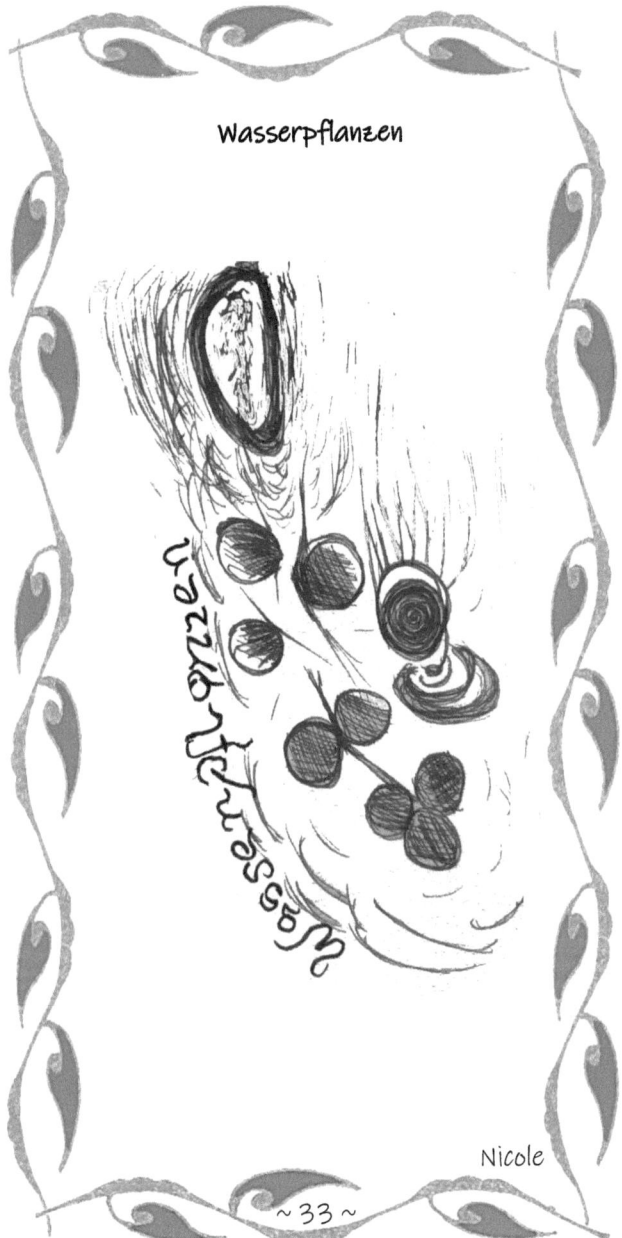

Nicole

Tünde

ein Tal, ein Berg, ein Felsentor
Du siehst es kaum, stehst Du davor
blickst Du hindurch
erblickst Du Bäume
die scheinbar etwas heller leuchten

es ist der Wald der großen Tünde
der Feenfrau mit Blütenstab
was sie mit diesem Stab berührt
erblüht fortan für lange Zeit
scheinbar für immer
zählst Du in Menschenzeit

ein Blumenblütenseelenmeer
wiegt in den Wäldern sich
beschwingt

lauscht Du dem Rauschen
dem Knacken
dem Wogen und Wiegen
in den Wiesen und Wäldern

so scheint es fast
als ob ein Meer von Engeln
den Klang der Wellenwiesenwelt
verträumt verspielt ersinnt

Franky

Mein bester Freund - mein Garten

wenn ich aufwache
wenn ich nach Hause komme
wenn ich mich energielos fühle
wenn ich glücklich bin
wenn ich einen Freund brauche
oder einfach so

streife ich durch meinen Garten

er ist nur klein
und doch wohnen hier hunderte
Von Pflanzen, ganz unterschiedliche

ich besuche sie
umarme sie
beuge mich zu ihnen hernieder
oder strecke mich auf Zehenspitzen
zu ihnen herauf

ich verspüre
Liebe
Verbindung
ich bin bei mir
im Frieden

Dankbarkeit

Nicole

Nicole

Strategie

Forscher forschten
in Afrika
erforschten Bäume
die von Giraffen belagert wurden

einer ersten Gruppe Bäume
Blätter verzehrten sie

diese Bäume schickten Informationen
zur nächsten Gruppe
vielleicht durch eine Übertragung
von Gedanken zwischen Bäumen
warum nicht?

die nächste Gruppe
versetzte darauf
ihre Blätter mit Säure

diese Blätter schmeckten
den Giraffen
ganz und gar nicht

So geschieht es scheinbar
dass Bäume Bäume warnen
dass Bäume re - agieren

spannend – oder?

Franky

Hilde

Tief versunken
saß Hilde im Garten
der Abtei

lauschte den Kräutern
erblickte deren Wesen
deren Schwingung

Hilde hatte das Gesicht
sah in der Aura die Farben
sah in die Aura der Menschen
sah in der Aura der Menschen
den Mangel

mischte die Kräuter
mit deren Einverständnis
zu Farben der Heilung

von Körper und Geist
von Psyche und Seele

die Kräuter
schenkten ihre Essenz

Hilde schenkte den Kräutern
Beachtung und Hingabe

Franky

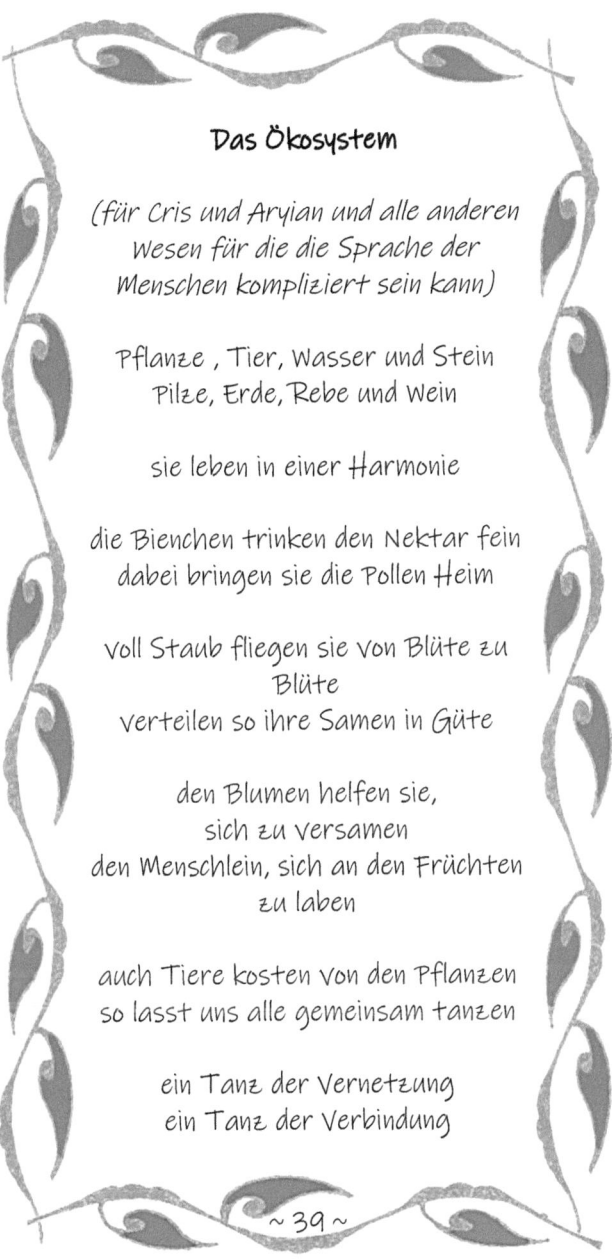

Das Ökosystem

(für Cris und Aryian und alle anderen
Wesen für die die Sprache der
Menschen kompliziert sein kann)

Pflanze , Tier, Wasser und Stein
Pilze, Erde, Rebe und Wein

sie leben in einer Harmonie

die Bienchen trinken den Nektar fein
dabei bringen sie die Pollen Heim

voll Staub fliegen sie von Blüte zu
Blüte
verteilen so ihre Samen in Güte

den Blumen helfen sie,
sich zu versamen
den Menschlein, sich an den Früchten
zu laben

auch Tiere kosten von den Pflanzen
so lasst uns alle gemeinsam tanzen

ein Tanz der Vernetzung
ein Tanz der Verbindung

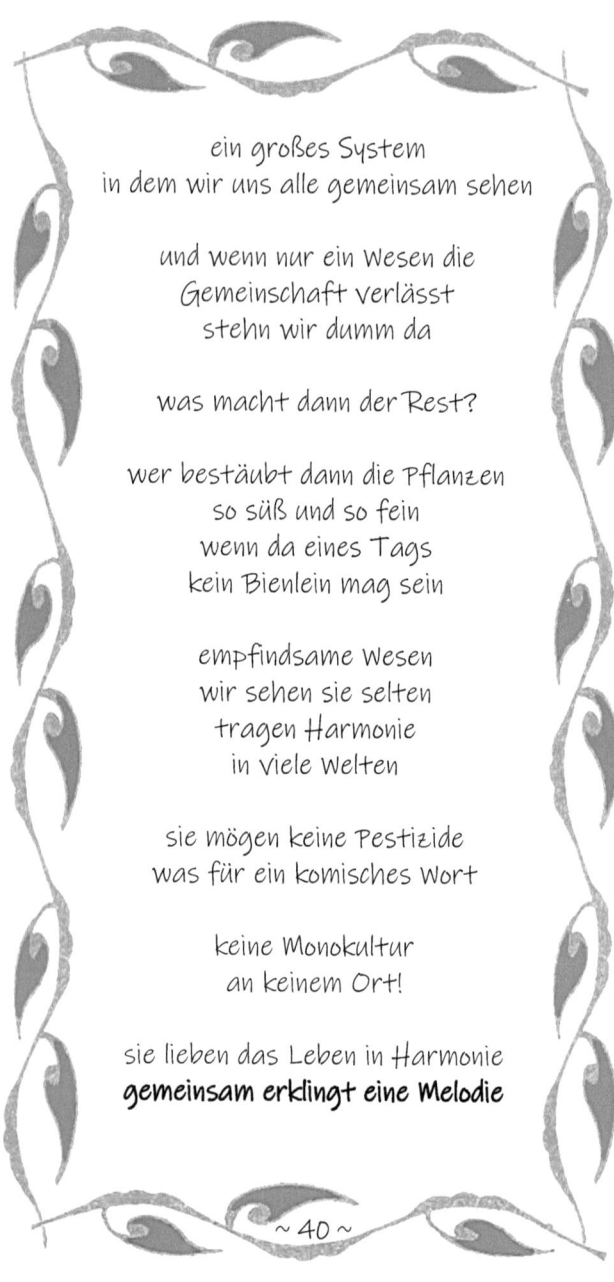

ein großes System
in dem wir uns alle gemeinsam sehen

und wenn nur ein Wesen die
Gemeinschaft verlässt
stehn wir dumm da

was macht dann der Rest?

wer bestäubt dann die Pflanzen
so süß und so fein
wenn da eines Tags
kein Bienlein mag sein

empfindsame Wesen
wir sehen sie selten
tragen Harmonie
in viele Welten

sie mögen keine Pestizide
was für ein komisches Wort

keine Monokultur
an keinem Ort!

sie lieben das Leben in Harmonie
gemeinsam erklingt eine Melodie

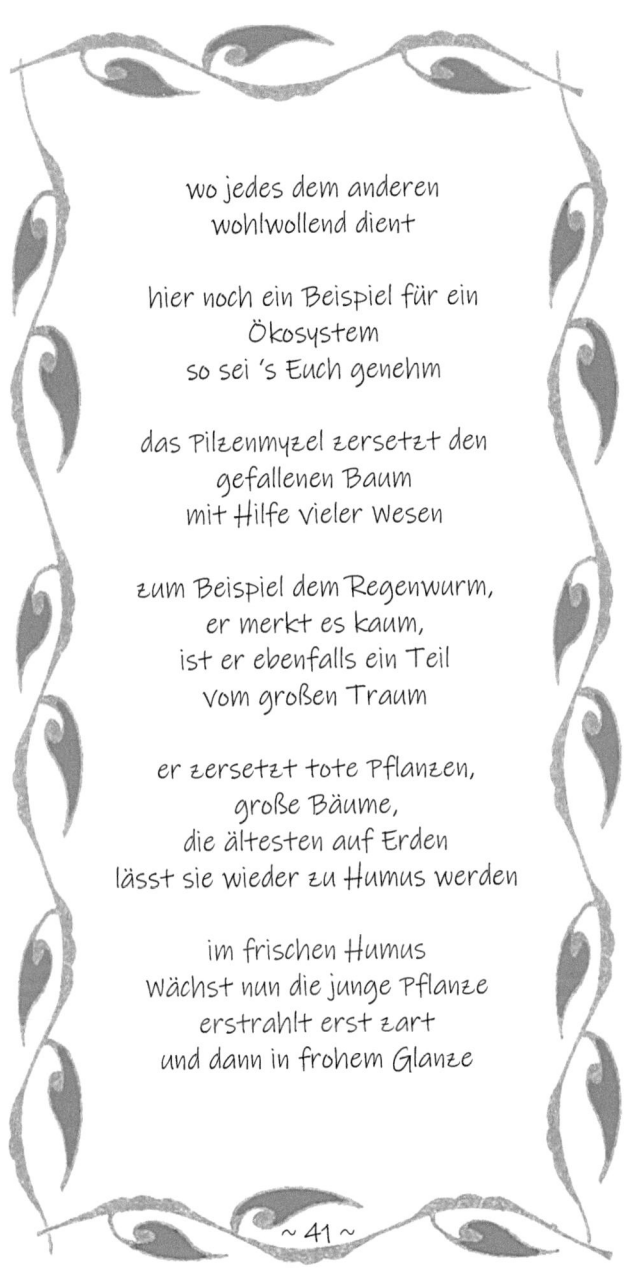

wo jedes dem anderen
wohlwollend dient

hier noch ein Beispiel für ein
Ökosystem
so sei 's Euch genehm

das Pilzenmyzel zersetzt den
gefallenen Baum
mit Hilfe vieler Wesen

zum Beispiel dem Regenwurm,
er merkt es kaum,
ist er ebenfalls ein Teil
vom großen Traum

er zersetzt tote Pflanzen,
große Bäume,
die ältesten auf Erden
lässt sie wieder zu Humus werden

im frischen Humus
wächst nun die junge Pflanze
erstrahlt erst zart
und dann in frohem Glanze

ihr Duft und ihre schönen Farben
rufen die Bienlein
Kommt! Ihr sollt Euch an mir laben

so ist es
und so soll es immer sein
kein Menschlein soll die Harmonie
zerstören

Tiere, Pflanzen, alle Wesen sollen
gemeinsam den Plan können lesen

Seid achtsam ihr Menschen
mit dem göttlichen Plan
Ihr seid die Hüter dieser Erde
schaut, dass sie nur schöner werde

jedes noch so feine Wesen
möchte gehütet und gesehen werden

Zusammenhänge wollen verstanden
werden

In Ehrfurcht danken wir DIR

Mutter Erde

Nicole

Nachsatz

Dieses Gedicht ist aus mir geflossen,
als ein kleiner Junge in der Schule mit
großen Wörtern wie Ökosystem,
Parasiten, Monokulturen, Pestiziden
und anderen schwierigen Begriffen die
Welt verstehen lernen sollte.

Dieses Gedicht soll nicht
wissenschaftlich hinterfragt werden.
Es muss nicht jedes Wort verstanden
werden. Es spricht zu unserem
höheren Selbst, welches die
Schwingungen richtig verstehen wird.
Es soll auch nicht belehren, aber
erinnern, vor allem an die Harmonie
allen Seins. Es soll uns keine Angst
machen, aber uns die Schönheit vor
Augen führen.

Nicole

Vereinigung

eine wirklich alte Seele
glitt durch den Wald
auf der Suche nach Ruhe

so viel hatte sie erlebt
sie wollte nur schlafen
und langsam, ganz langsam
erwachen

sie lauschte
horchte auf die Geschichten
der alten Bäume
der alten Seelen

die wirklich alte Seele
traf auf eine
wirklich alte müde Eiche
diese Eiche würde den Hain
in wenigen Jahren verlassen
doch bis dahin würde sie
die Eicheln hegen,
die sie beinahe lautlos
in den Herbst gepflanzt hatte
einer dieser Eicheln bot sich die
wirklich alte Seele an

Eine wirklich gute Wahl!

Franky

Rate mal?

Auf leisen Sohlen
schleiche ich
durch den Wald
bin einer der
alten Weisen
trage Namen
spazieren
laufe auf
allen Vieren
Wer bin ich?

Nicole

Freundinnen

Manchmal treffen sie sich
ganz zwanglos
beinahe zufällig

und erzählen einander

auf ihre ganz eigene Weise

wie es ihnen so ergangen ist

seit dem letzten Treffen

mit all den zahllosen Kreaturen
auf ihren Rücken

oft sind es verrückte Geschichten

dann lachen sie so laut
dass es in ihren Sphären
widerhallt

die Pacha Mama
die Gaia
die lichte Erde

Franky

Die Wegwarte

wenn jemand
die Wege der Seele kennt

dann sicher

die Wegwarte

Franky

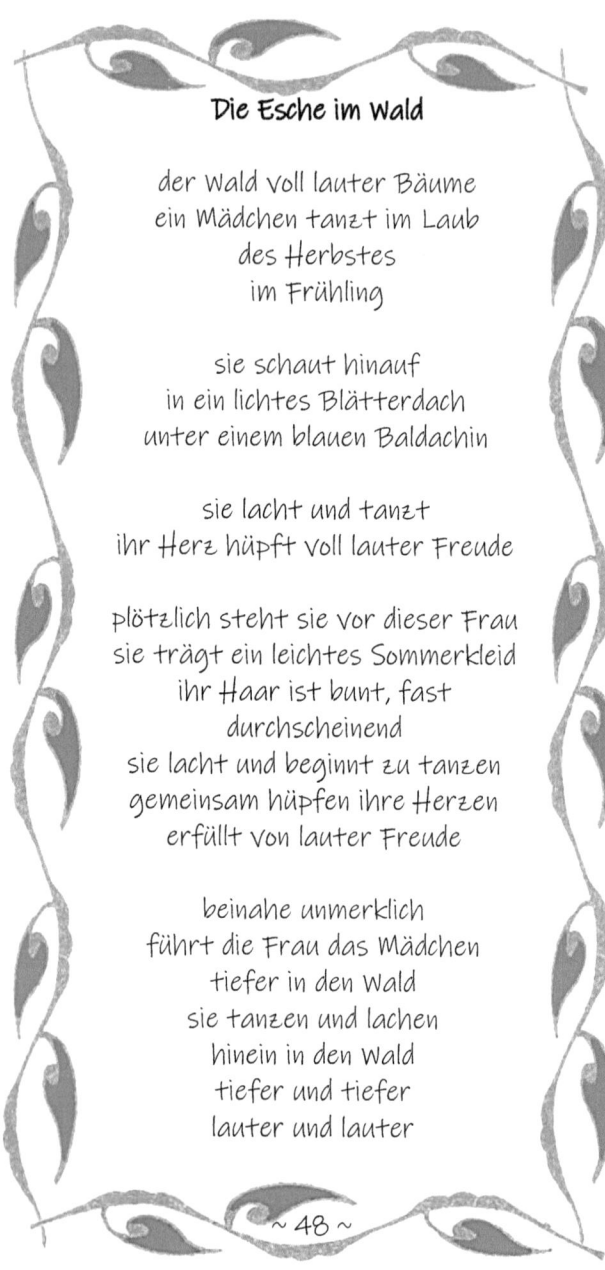

Die Esche im Wald

der Wald voll lauter Bäume
ein Mädchen tanzt im Laub
des Herbstes
im Frühling

sie schaut hinauf
in ein lichtes Blätterdach
unter einem blauen Baldachin

sie lacht und tanzt
ihr Herz hüpft voll lauter Freude

plötzlich steht sie vor dieser Frau
sie trägt ein leichtes Sommerkleid
ihr Haar ist bunt, fast
durchscheinend
sie lacht und beginnt zu tanzen
gemeinsam hüpfen ihre Herzen
erfüllt von lauter Freude

beinahe unmerklich
führt die Frau das Mädchen
tiefer in den Wald
sie tanzen und lachen
hinein in den Wald
tiefer und tiefer
lauter und lauter

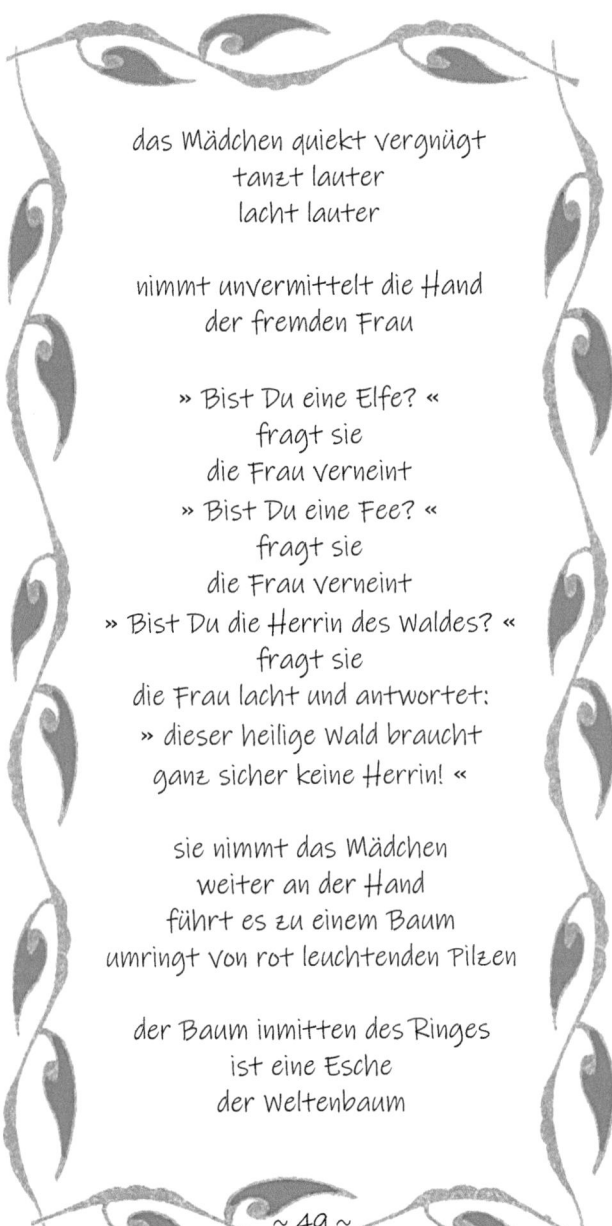

das Mädchen quiekt vergnügt
tanzt lauter
lacht lauter

nimmt unvermittelt die Hand
der fremden Frau

» Bist Du eine Elfe? «
fragt sie
die Frau verneint
» Bist Du eine Fee? «
fragt sie
die Frau verneint
» Bist Du die Herrin des Waldes? «
fragt sie
die Frau lacht und antwortet:
» dieser heilige Wald braucht
ganz sicher keine Herrin! «

sie nimmt das Mädchen
weiter an der Hand
führt es zu einem Baum
umringt von rot leuchtenden Pilzen

der Baum inmitten des Ringes
ist eine Esche
der Weltenbaum

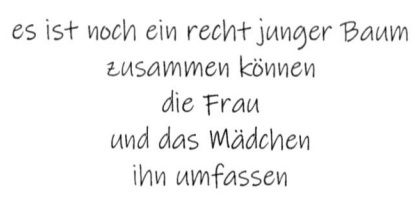

es ist noch ein recht junger Baum
zusammen können
die Frau
und das Mädchen
ihn umfassen

die Frau legt ihre Stirn an den Baum
das Mädchen tut es ihr gleich

der noch junge Baumriese lächelt
genau genommen lächelt seine Seele

langsam, unmerklich
sinkt sie aus der Krone hinab
auf die Höhe der beiden
Besucherseelen
sie liebt den Kontakt
zu anderen Seelen
so sehr

die Drei schwingen sich ein
während die Pilze rings
sich Schwindelerregend
tanzend und lachend
im Reigen drehen

so steht die Esche
fest im Erdreich verwurzelt

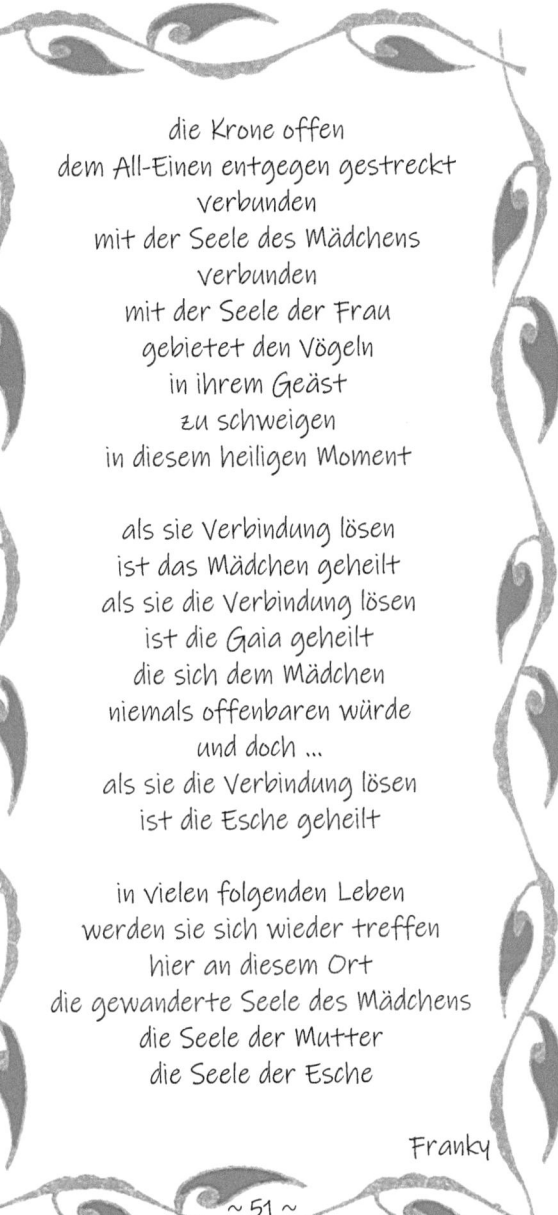

die Krone offen
dem All-Einen entgegen gestreckt
verbunden
mit der Seele des Mädchens
verbunden
mit der Seele der Frau
gebietet den Vögeln
in ihrem Geäst
zu schweigen
in diesem heiligen Moment

als sie Verbindung lösen
ist das Mädchen geheilt
als sie die Verbindung lösen
ist die Gaia geheilt
die sich dem Mädchen
niemals offenbaren würde
und doch ...
als sie die Verbindung lösen
ist die Esche geheilt

in vielen folgenden Leben
werden sie sich wieder treffen
hier an diesem Ort
die gewanderte Seele des Mädchens
die Seele der Mutter
die Seele der Esche

Franky

Birkenwesen

Die Seelen der Birken
sie wandern im Winter
aus

einen Teil ihrer Seele
bleibt ein Birkenlebenlang
ihrem Baum verbunden

allein schon wegen der Elfen
die wären sonst einsam
haben sie doch im Winter
kaum etwas zu schaffen
mit Hege
und Pflege
und Wachstum

die Reiseseele trifft auf Freunde
in den Fernen des Seins
trifft auf Birkenseelen
und solche
die einmal
eine Birkenseele
werden wollen

in ihrem nächsten Leben
vielleicht

Franky

Plitsch Platsch

Regentropfen fallen
auf die Blüten
auf die Blätter

Zipf Zapf

Zwerge tanzen
auf Zehenspitzen
im Kreis

schlecken

Regentropfeneis

Ringel Ringel Reihe

tanzen
um die Pflanzen

Nicole

Mittsommer

im Mittsommer
tanzen die Flammen
auf den Wiesen

im Mittsommer
tanzen die Frauen
geschmückt mit Kränzen
aus Blumen
vom Thorgurt geschützt

im Mittsommer
tanzen die Männer
das Haupt gehörnt
die Haut getränkt
vom Saft der Esche
vom Thorgurt geschützt

im Mittsommer
tanzen die Kinder
tanzen die Herzen
tanzen die Schatten
der Ahnen
im Licht

Franky

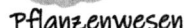

Pflanzenwesen

in einer Sphäre
der unseren ganz nah
existieren Wesen
die ich nur im Zwielicht sah

ihr Geist ist fein
ihre Körper sind Licht
einst dachte ich
so etwas gäbe es nicht

in Träumen sprachen sie zu mir
luden mich ein sie zu begleiten
führten mich in Feenreiche
in denen sie Pflanzen
durch das Leben geleiten

sie träumten sich in meine Sinne
fühlten sich in meine Aura ein
rieten mir einst Beifuß zu werden
heilig die Seele, unendlich rein

Ich kehrte zurück, fürchtete mich
ließ die Pflanzenwesen gehn
doch wusste mein Geist
und wusste mein Herz
wir werden uns einstmals
wiedersehn

Franky

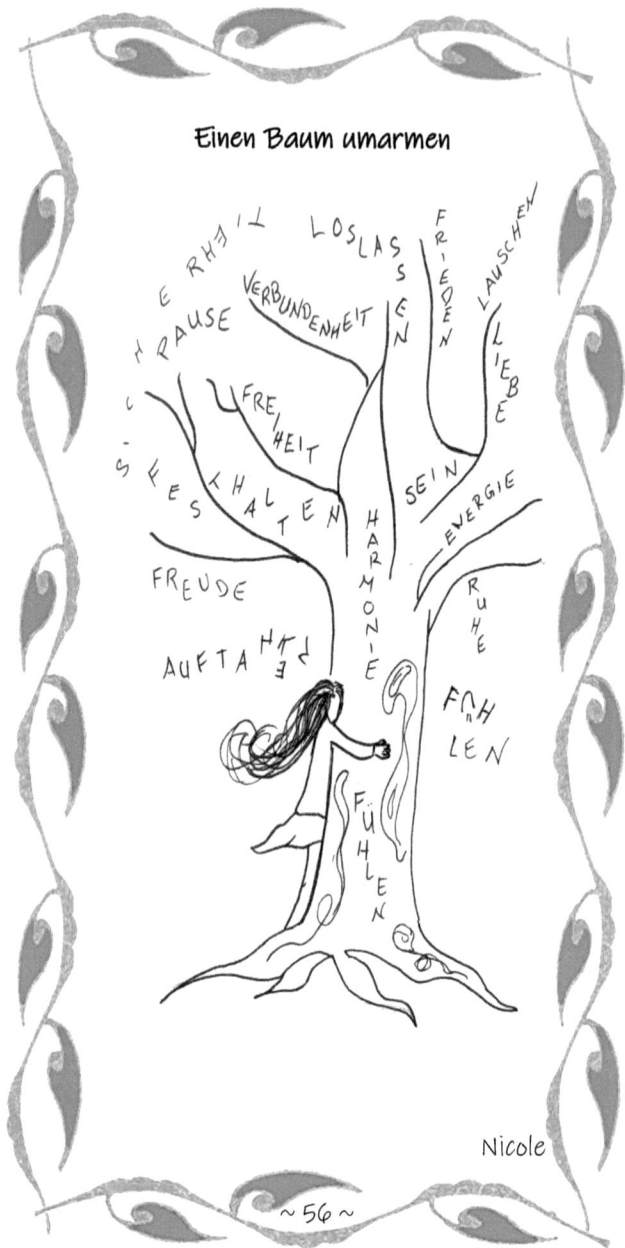

Nicole

EINKEHR

wenn ich einen Baum umarme

komme ich bei mir an

es ist ein schönes Gefühl

ich bin dann ganz da

in mir ist FRIEDEN

Bäume fühlen sich so STARK an

ich halte mich fest

ich schmiege mich an
einen starken Stamm

mache mich weit

ich sollte jeden Tag
einen Baum umarmen

Nicole

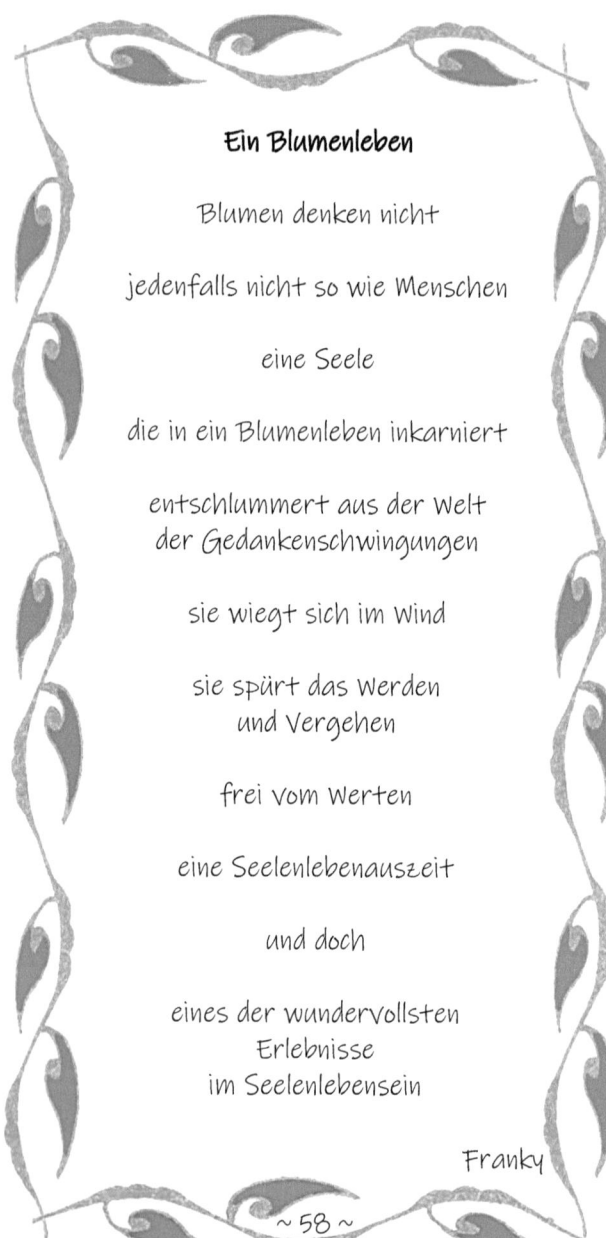

Ein Blumenleben

Blumen denken nicht

jedenfalls nicht so wie Menschen

eine Seele

die in ein Blumenleben inkarniert

entschlummert aus der Welt
der Gedankenschwingungen

sie wiegt sich im Wind

sie spürt das Werden
und Vergehen

frei vom Werten

eine Seelenlebenauszeit

und doch

eines der wundervollsten
Erlebnisse
im Seelenlebensein

Franky

In Anlehnung ...

Einst haben die Kerls
auf Bäumen gehockt
auf anderen Planeten

dann hat sie jemand
hierher gelockt
sie haben die Erde
echt heftig gerockt
darum hat sie niemand gebeten

sie haben an Ästen
auf denen wir saßen
gehobelt, gefeilt und gesägt
sie haben uns
aus dem Urwald gelockt
die Wälder gerodet
lautstark frohlockt
die Kerle vom andern Planeten

Nun sägen sie fleißig an dem Ast
auf dem sie selber sitzen

ab

Franky

Baum und Stein

Nicole

Wenn ich sterbe

will ich

zu Humus

werden

legt mich

einfach in die Erde

Nicole

Transformation

Ein alter Baum stand in einem Sumpf.
Im Grunde wusste er gar nicht, dass
er ein Baum war. Der alte Baum
liebte dieses Wesen, eine junge Frau,
die ihn aus einem Grund, den er nicht
verstand, besuchte und umarmte.

Irgendwie spürte der alte Baum,
dass sein Leben sich dem Ende neigte.

So traf es sich, dass dieses junge
Wesen mit dieser wundervollen
Ausstrahlung die Sinne des alten
Baumes derart umschwirrte, dass es
in seiner Seele einen bedeutenden
Eindruck hinterließ.

Der alte Baum träumte davon, als
solch ein Wesen wiedergeboren zu
werden mit einem Vogelnest im Haar,
umschwärmt von Schmetterlingen,
mit Blumen als Augen und einem
zarten Blatt als Mund (wobei: Bäume
nicht wirklich wissen, wozu ein Mund
oder Augen gut sein könnten).

Franky

I am

Nicole

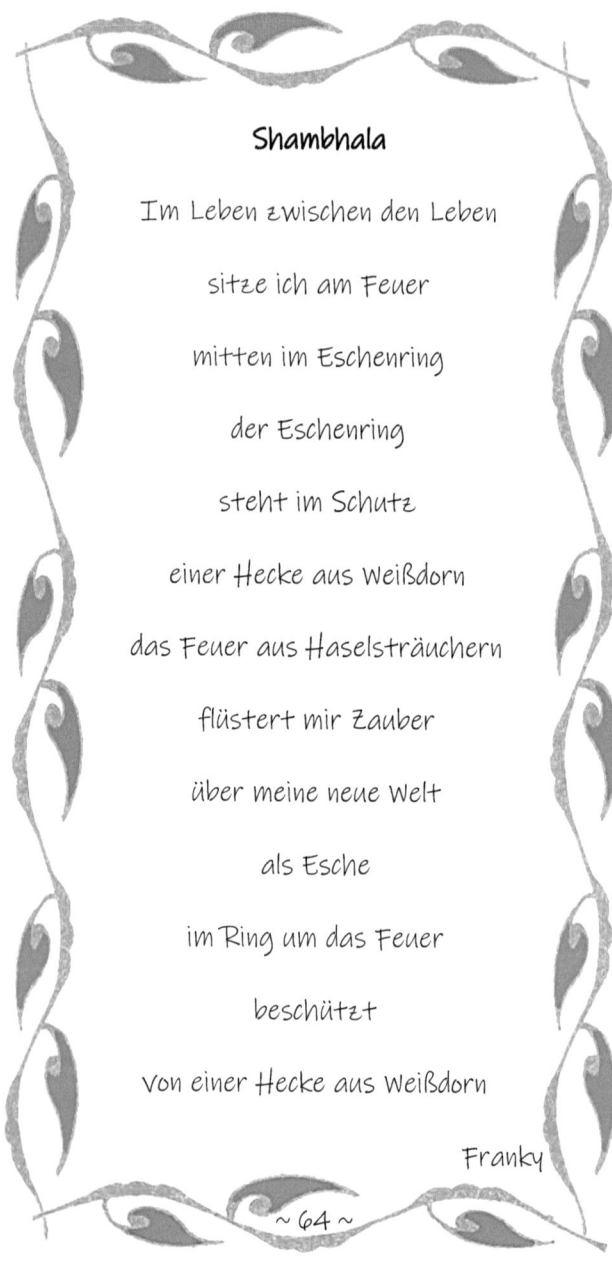

Shambhala

Im Leben zwischen den Leben

sitze ich am Feuer

mitten im Eschenring

der Eschenring

steht im Schutz

einer Hecke aus Weißdorn

das Feuer aus Haselsträuchern

flüstert mir Zauber

über meine neue Welt

als Esche

im Ring um das Feuer

beschützt

von einer Hecke aus Weißdorn

Franky

Gedanke

Wenn ich an den Tod denke
Denke ich an das Leben

Nicole

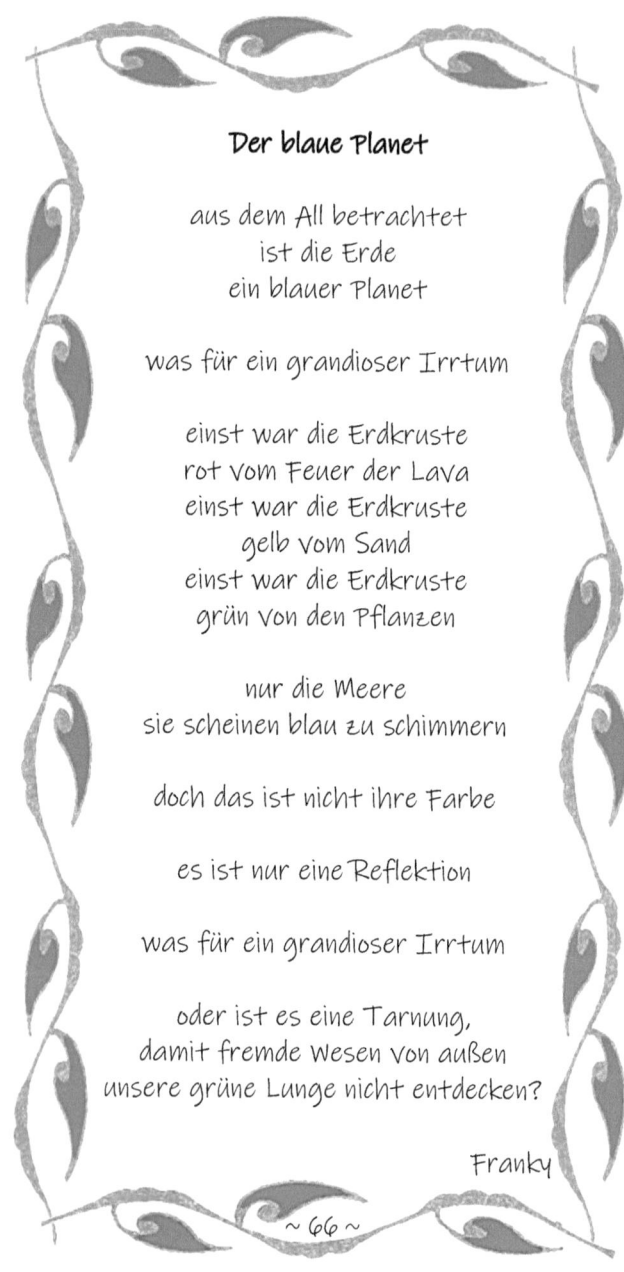

Der blaue Planet

aus dem All betrachtet
ist die Erde
ein blauer Planet

was für ein grandioser Irrtum

einst war die Erdkruste
rot vom Feuer der Lava
einst war die Erdkruste
gelb vom Sand
einst war die Erdkruste
grün von den Pflanzen

nur die Meere
sie scheinen blau zu schimmern

doch das ist nicht ihre Farbe

es ist nur eine Reflektion

was für ein grandioser Irrtum

oder ist es eine Tarnung,
damit fremde Wesen von außen
unsere grüne Lunge nicht entdecken?

Franky

Denkste

Pflanzen pflanzen sich fort

ist schon klar

manche Pflanzen schützen sich

weiß ich doch

Pflanzen sprechen miteinander

echt? - wie denn?

Ob Pflanzen denken,
dass Menschen denken?

wohl eher nicht

obwohl, warum nicht?

Nur,
ich denke nicht,
dass Pflanzen so denken
wie wir denken,
dass sie denken

Franky

Pflanzenmeditation

Weizenhalme
wiegen sich im Wind

Ahornblätter
winken mir zu
manchmal

Moorbirken
bekommen ziemlich häufig
ziemlich nasse Füße

die Nachtkerze
die entwurzelte
die eingeschleppte
die arme

sie träumt von jenen Tagen
da ihre Vorfahren
mit den Vorfahren der Menschen
in einem fernen Land
in tiefer Meditation
verbunden waren

Franky

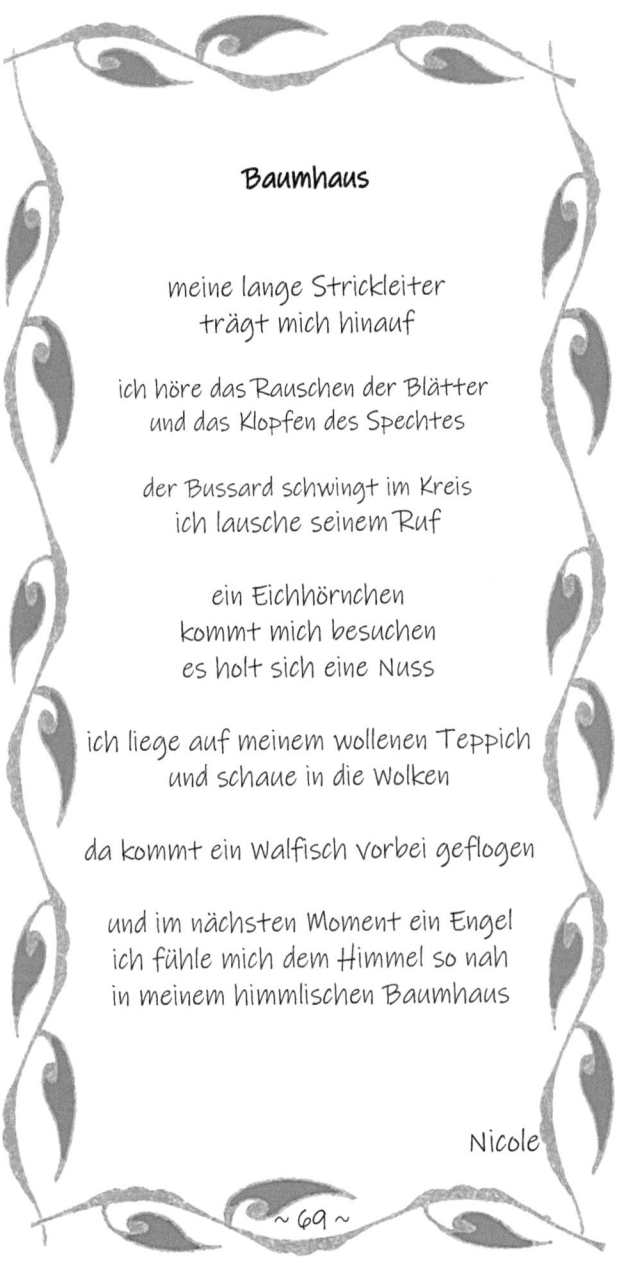

Baumhaus

meine lange Strickleiter
trägt mich hinauf

ich höre das Rauschen der Blätter
und das Klopfen des Spechtes

der Bussard schwingt im Kreis
ich lausche seinem Ruf

ein Eichhörnchen
kommt mich besuchen
es holt sich eine Nuss

ich liege auf meinem wollenen Teppich
und schaue in die Wolken

da kommt ein Walfisch vorbei geflogen

und im nächsten Moment ein Engel
ich fühle mich dem Himmel so nah
in meinem himmlischen Baumhaus

Nicole

Stoppelfelder

früher brannten wir die Felder ab
im Herbst
nach der Ernte

den Blick für die Seelen
nein, den hatten wir damals nicht

erst heute
nach vielen Hundert Jahren
wissen wir
um die Seelen der Halme

sie blieben nach der Ernte
noch einige Zeit zusammen

häufig bis zum Brandtag

für sie ein heiliges Ritual

die Seelen der Halme
stoben wie Pusteblumen auseinander
strebten der Sphäre entgegen
aus der sie gekommen waren

die Elfen taten es ihnen gleich

Franky

Die Kräuterfee

außerhalb des Dorfes
lebte sie
wirkte sie

im Dunkel schlichen die Frauen zu ihr
aus tausenderlei Grund

missachtend das Verbot
aus tausenderlei Grund

im Dunkel der Nacht

wenn sie nicht gerade unterwegs war

Misteln zu schneiden

Kräuter zu ernten

oder auf einen Plausch

mit den Bäumen

im heiligen Hain

Franky

Winterfrauen

Wenn der See zugefroren war
kamen sie
mit Rauchwerk und Fackeln

wir luden sie ein
ins Dorf auf den Thie
am Himmel die Lichter der Ahnen

sie brachten Kunde
von der Mutter der Welt
wir tranken Met am Feuer
wir tauschten Felle und Fleisch
gegen Samen und Kräuter

sie verließen uns
wie sie gekommen waren
einige Mädchen gingen mit
das Eis schmolz dahin
erste Knospen trotzten
dem harten Frost

die Lichter erloschen
die Tage erwachten
wir sammelten wieder Kräuter
für den Besuch im kommenden Jahr

Franky

Die Elfe Amaryllis

Franky

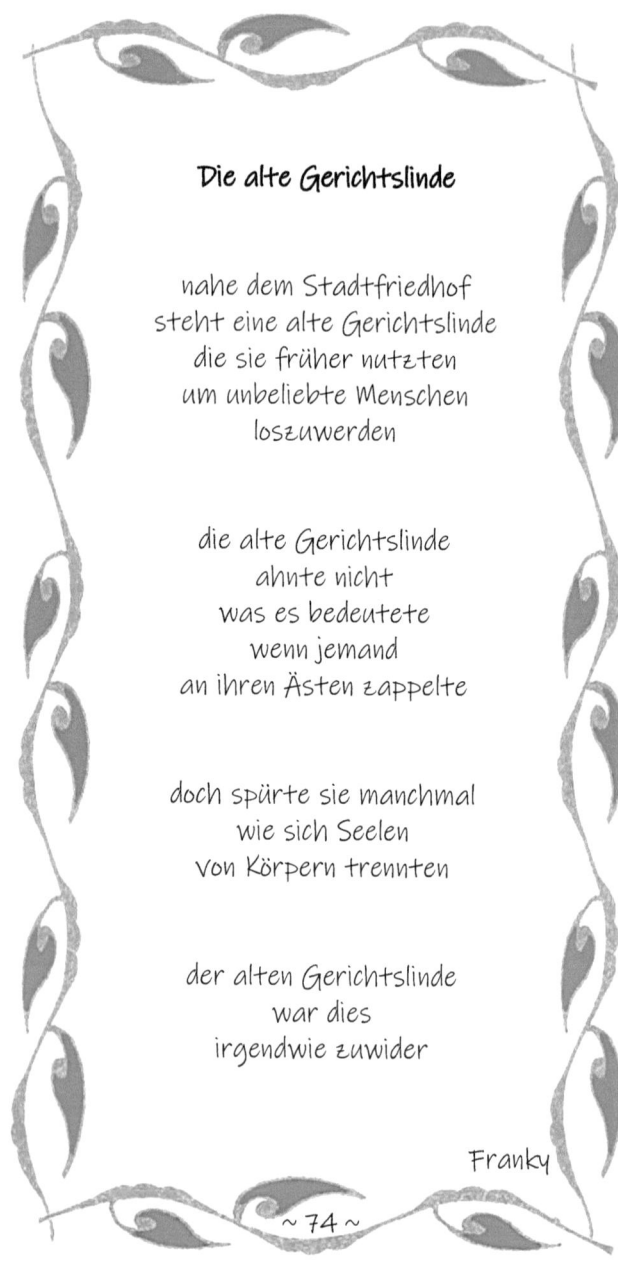

Die alte Gerichtslinde

nahe dem Stadtfriedhof
steht eine alte Gerichtslinde
die sie früher nutzten
um unbeliebte Menschen
loszuwerden

die alte Gerichtslinde
ahnte nicht
was es bedeutete
wenn jemand
an ihren Ästen zappelte

doch spürte sie manchmal
wie sich Seelen
von Körpern trennten

der alten Gerichtslinde
war dies
irgendwie zuwider

Franky

Glockenblumen

schwingen

sehr

sehr

sehr

sanft

und

sehr

sehr

sehr

leise

im Wind

Franky

Ich seh Dich

Einmal erregte ein Blatt meine
Aufmerksamkeit, vor vielen Jahren
oder vielen Leben, so genau weiß ich
das gar nicht mehr.
Ein einzelnes Blatt an einem Baum
voller Blätter drehte sich im Wind.
Nur dass es vollkommen windstill war.
Es drehte sich nach links, dann nach
rechts und wieder nach links in einem
ziemlich flotten Tempo.
Ich lächelte und ging meines Weges.
Im Laufe der Zeit erlebte ich immer
wieder solch winkende Blätter. Meist
welche, die an Ahörnern wuchsen, doch
auch Buchenblätter, Birken und sogar
Liguster.
Heute stelle ich mir gerne vor, es
seien unsichtbare Wesen, die mich
grüßen und habe meinen Spaß daran.
Früher dachte ich, es sei ein
Phänomen, dass jeder kennt, der mit
offenen Augen unterwegs ist. In
einem Kreis von Elfenfreunden sprach
ich einmal darüber und erntete völliges
Unverständnis - leider. Aber Dir
winken die Blätter doch auch zu!

Franky

Habe ich einen Wunsch frei?

Dann wünsche ich mir die Integration des Themas *Pflanzenseelen* in den Biologie-Unterricht. Seit tausenden von Jahren helfen uns aus Pflanzen gewonnene Wirkstoffe zu überleben. Pflanzen produzieren Sauerstoff. Pflanzen produzieren Düfte, die in der Aromatherapie eine bedeutende Rolle spielen. Willst Du Deinen Körper gesund erhalten, dann nutze die breite Unterstützung durch Pflanzen. Als Nahrung wie auch als Heiler sind sie unsere allerbesten Helfer.

Doch stell Dir einmal vor, Du müsstest auf eine Pflanze zurückgreifen, die selbst unglücklich und seelisch belastet ist. Wie könnte Dir eine solche Pflanze dann noch helfen?

Indem wir die Seelen der Pflanzen anerkennen, wie es unsere Vorfahren taten, heilen wir unsere Beziehung zur Pflanzenwelt, heilen wir die Apotheke unseres Planeten.

Franky

Pflanze

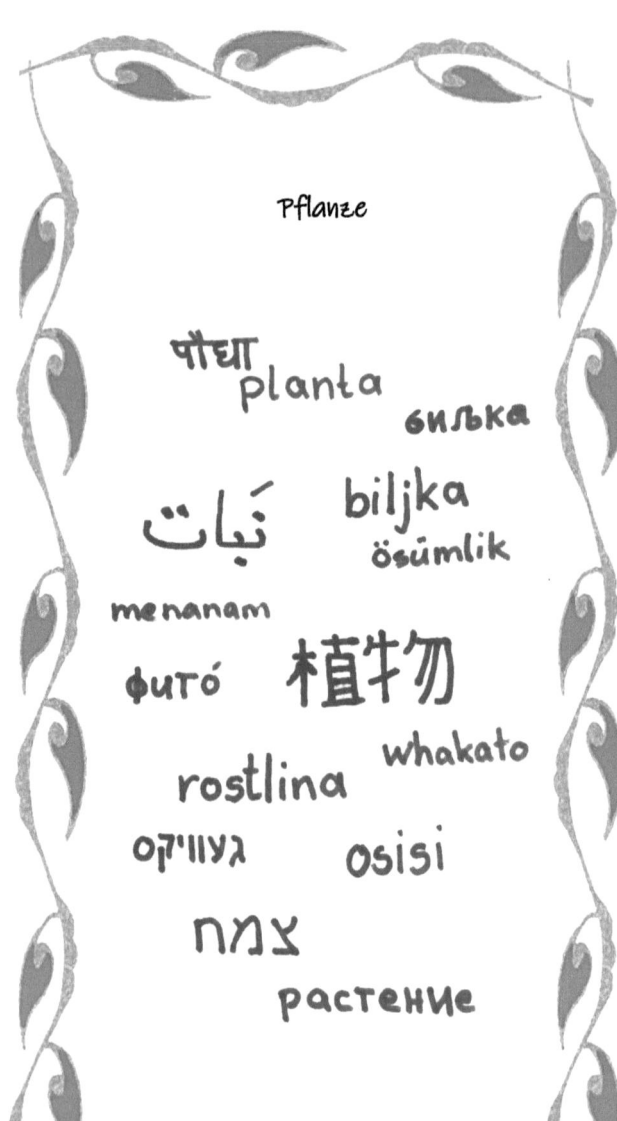

पौधा
planta
билка
نَبات
biljka
ösümlik
menanam
φυτό
植物
whakato
rostlina
צמח
osisi
צמח
растение

Nicole

Keltenwelten

den Keltenwelten
waren die Pflanzen heilig

geschnitten
zu einer bestimmten Jahreszeit
geschnitten
zu einer bestimmten Mondzeit
geschnitten
zu einer bestimmten Tageszeit

die Blüte geschnitten
das Blatt geschnitten
der Stengel geschnitten
die Wurzel geschnitten

bedankt mit Zaubersprüchen
bedankt mit Liebe
bedankt mit Achtung

jedes Ritual wirkte
auf seine
ureigene
uralte
Weise

Franky

Angedanken

so fremd mir manche Sprache
so klar und vertraut
ist mir das Wesen der Pflanzen

manche Gedanken
schwingen im Dur
manche Gedanken
schwingen im Moll
manche Gedanken
schwingen im Grün
manche Gedanken
schwingen im Groll

tiefe Sehnsucht in mir
tiefe Sehnsucht in Dir
tiefe Wurzeln im Garten

selbst den Sturzregen
überlebte die Birke
schüttelte sich nicht einmal
danach

Franky

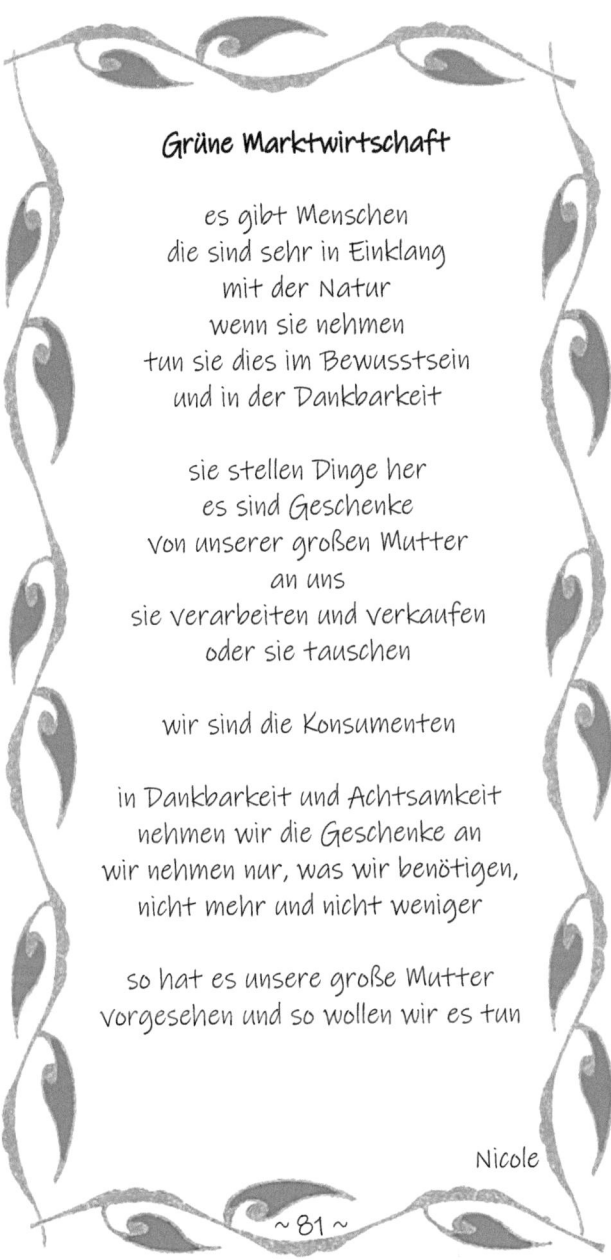

Grüne Marktwirtschaft

es gibt Menschen
die sind sehr in Einklang
mit der Natur
wenn sie nehmen
tun sie dies im Bewusstsein
und in der Dankbarkeit

sie stellen Dinge her
es sind Geschenke
von unserer großen Mutter
an uns
sie verarbeiten und verkaufen
oder sie tauschen

wir sind die Konsumenten

in Dankbarkeit und Achtsamkeit
nehmen wir die Geschenke an
wir nehmen nur, was wir benötigen,
nicht mehr und nicht weniger

so hat es unsere große Mutter
vorgesehen und so wollen wir es tun

Nicole

Löwenzahn

ein Löwenzahn
im Gras

das kommt

in Norddeutschland

nur sehr selten vor

und wenn

dann wohl eher

in einem Gehege

im Zoo

Franky

Buschgestöber

in einem herrlich dornigen Busch
ließen sich einst die Spatzen nieder
dort warn sie sicher
vor den Katzen

die Spatzen flogen ein
und wieder aus
bauten Nester
und hätten ihr neues zu Hause
wären sie Menschen
wohl ziemlich gelungen
gefunden

der Dornenbusch war damals
auch die Heimat bunter Elfen
die kleinen, flinken Wesen
die immer gerne helfen

so erblühte der Busch
wie nie in seinem Leben
von Spatzen und Elfen heimgesucht
und im Herbst
begannen die Spinnen
dort Netze zu weben

Franky

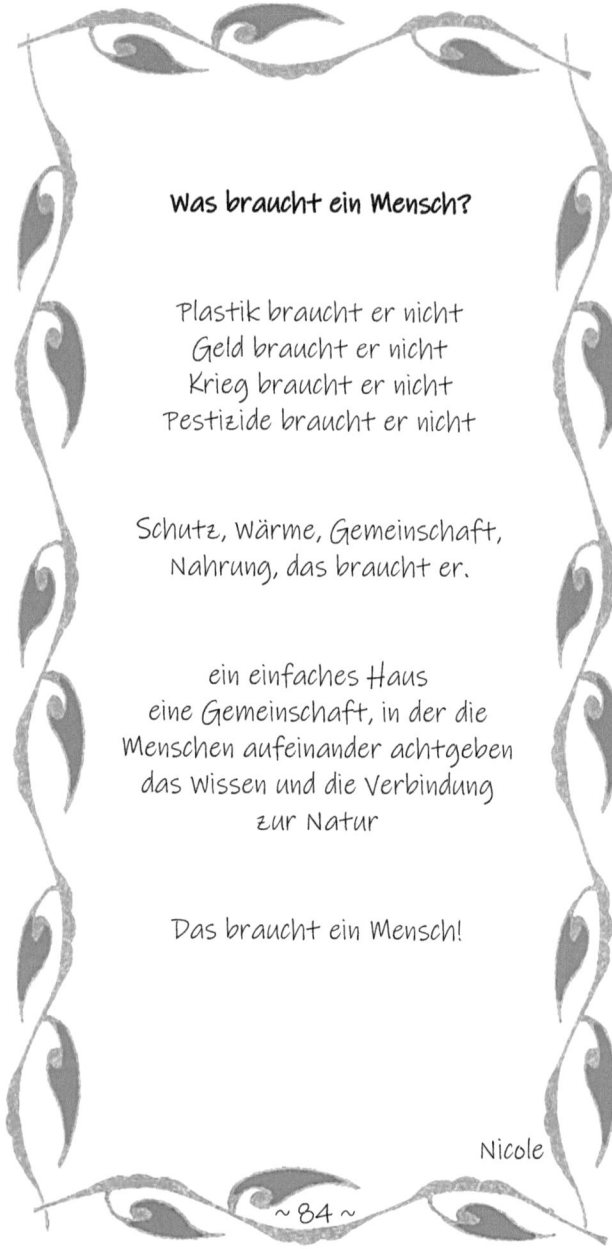

Was braucht ein Mensch?

Plastik braucht er nicht
Geld braucht er nicht
Krieg braucht er nicht
Pestizide braucht er nicht

Schutz, Wärme, Gemeinschaft,
Nahrung, das braucht er.

ein einfaches Haus
eine Gemeinschaft, in der die
Menschen aufeinander achtgeben
das Wissen und die Verbindung
zur Natur

Das braucht ein Mensch!

Nicole

Wünschel

denke Dir ein unsichtbares Wesen
klein und gleichsam schlau
es lebt in einem Wiesenwald
unter Eschen und Eichen
im Weißdorn manchmal auch

das kleine schlaue Wesen treibt
an manchen Tagen Schabernack
mit den Gewächsen breit und weit

gleichwohl es ist ihr liebster Freund
der sie vor Blitz und Feuer schützt
die ihn kennen, hat es nie gereut

glaubst Du ihm
so zeigt er Dir
die Quelle tief im Stein
glaubst Du ihm nicht
so wird er Dir
wohl nie zu Diensten sein

die Pflanzenseelen mögen ihn
beherrscht er doch den Tanz
der Regen bringt zur guten Zeit
die Wolken in den Himmel schiebt
die Sonne wie die Sterne liebt

Franky

Wirken

einst war ich eine Blumenelfe

mein höchstes Glück war es
eine einzige Pflanze zu pflegen

am Tag, als der Spross keimte
wurde ich geboren

am Tag, als die Pflanzenseele
ihren letzten Odem aushauchte
verließ auch ich diese Welt

ich erinnere es
als mein
wundervollstes Hiersein

auf dieser Erde

Franky

Eichenseelen

wer einmal eine Eiche gewesen ist
und dann als Mensch geboren
vor den Toren der hektischen Welt

der wird das Treiben nicht verstehen
wird sich nach Klängen
der Windharfe sehnen
bei Donner und Blitz
ein Kribbeln verspüren
im Sommer nicht schwitzen
im Winter kaum frieren
der lässt manchmal gerne
die Kleider fallen
und wird sich auch gern
in die Erde krallen
wird Wasser vielleicht
aus Pfützen trinken
doch niemals im Schlamm
der Großstadt versinken
dem wird
nach der Art der Eichenseelen
das Menschengetümmel
nur selten fehlen

wer einmal eine Eiche gewesen ist
vergisst das nie

Franky

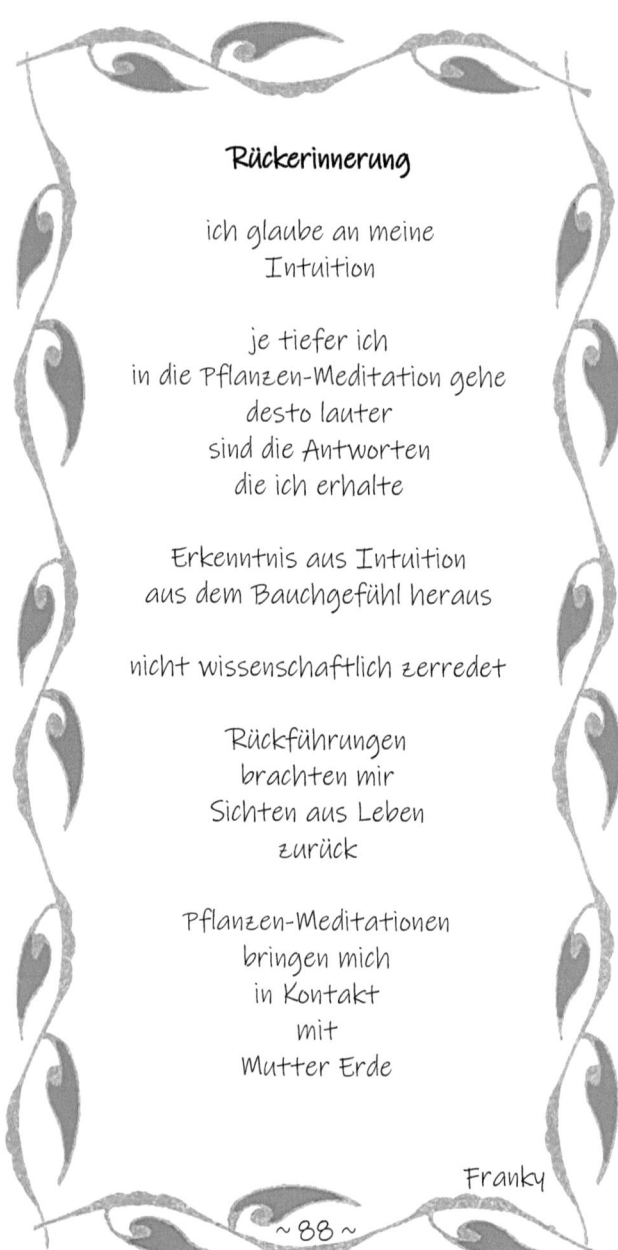

Rückerinnerung

ich glaube an meine
Intuition

je tiefer ich
in die Pflanzen-Meditation gehe
desto lauter
sind die Antworten
die ich erhalte

Erkenntnis aus Intuition
aus dem Bauchgefühl heraus

nicht wissenschaftlich zerredet

Rückführungen
brachten mir
Sichten aus Leben
zurück

Pflanzen-Meditationen
bringen mich
in Kontakt
mit
Mutter Erde

Franky

Intuition

Nicole

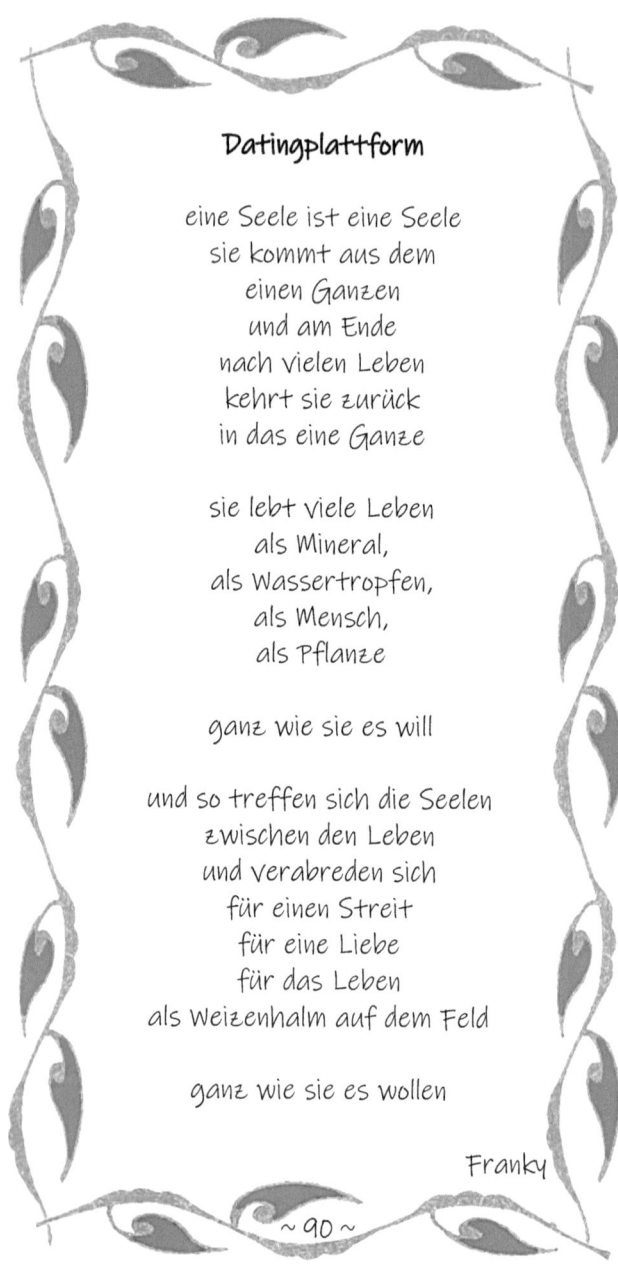

Datingplattform

eine Seele ist eine Seele
sie kommt aus dem
einen Ganzen
und am Ende
nach vielen Leben
kehrt sie zurück
in das eine Ganze

sie lebt viele Leben
als Mineral,
als Wassertropfen,
als Mensch,
als Pflanze

ganz wie sie es will

und so treffen sich die Seelen
zwischen den Leben
und verabreden sich
für einen Streit
für eine Liebe
für das Leben
als Weizenhalm auf dem Feld

ganz wie sie es wollen

Franky

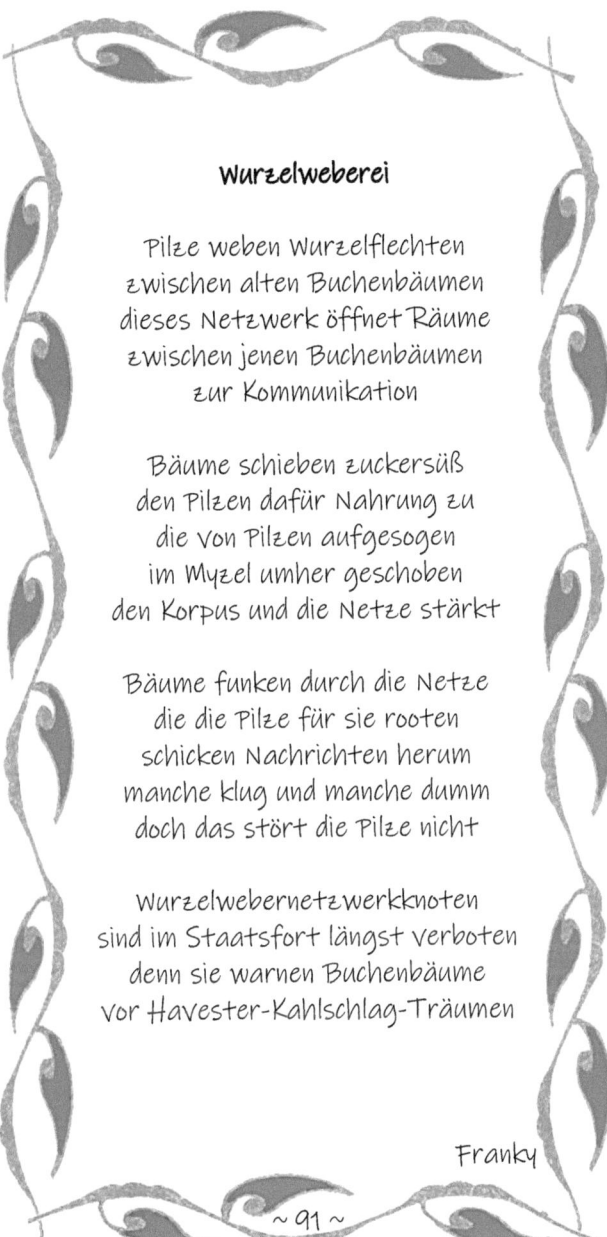

Wurzelweberei

Pilze weben Wurzelflechten
zwischen alten Buchenbäumen
dieses Netzwerk öffnet Räume
zwischen jenen Buchenbäumen
zur Kommunikation

Bäume schieben zuckersüß
den Pilzen dafür Nahrung zu
die von Pilzen aufgesogen
im Myzel umher geschoben
den Korpus und die Netze stärkt

Bäume funken durch die Netze
die die Pilze für sie rooten
schicken Nachrichten herum
manche klug und manche dumm
doch das stört die Pilze nicht

Wurzelwebernetzwerkknoten
sind im Staatsfort längst verboten
denn sie warnen Buchenbäume
vor Havester-Kahlschlag-Träumen

Franky

Flieger

Fliegerträume sind bei Pollen
wohl eher selten

sie träumen nicht
von einer wundervollen Umgebung

sie werden durch den Wind
durch ein Insekt
durch einen Säuger
auf vielfältige Weise
irgendwohin transportiert
dort kommen sie an
verankern sich im Boden
und wachsen

manchmal jedoch
nimmt eine Blumenelfe
sich eines Pollens an
und bringt ihn
an jenen Wundervollsten
aller Orte
an dem aus dem Pollen
unter besten Bedingungen
ein wundersames Kraut erwächst
zum Erstaunen der Natur
zur Freude der Elfe

Franky

Die Mutter aller Bäume

eine Seele von Baum
blickte hinab auf die Welten
erinnerte dort gewesen zu sein
als den Welten noch
die Bäume fehlten

ihre Seele war hineingeboren
in den ersten Stamm
des ersten Wesens Baum
war hoch gewachsen
hatte Kinder geboren
nun schien es wie ein Traum

nach Zeiten als Wesen
als Stein, als Gestirn
blickte sie nieder
erinnerte gern
dieses Wesens Leben
vor Zeiten als Baum

diese Vielfalt an Bäumen
sie glaubte es kaum

entschied ihrer Seele letztes Leben
als Baum unter Bäumen
im Urwald zu stehen

Franky

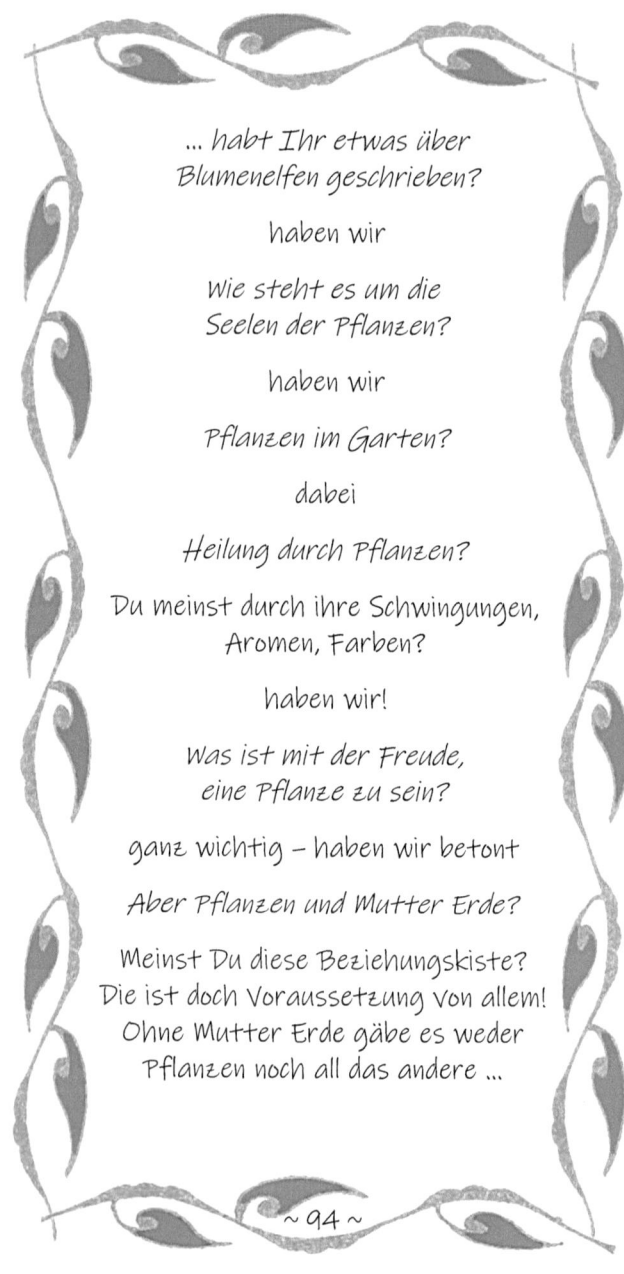

... habt Ihr etwas über
Blumenelfen geschrieben?

haben wir

Wie steht es um die
Seelen der Pflanzen?

haben wir

Pflanzen im Garten?

dabei

Heilung durch Pflanzen?

Du meinst durch ihre Schwingungen,
Aromen, Farben?

haben wir!

Was ist mit der Freude,
eine Pflanze zu sein?

ganz wichtig – haben wir betont

Aber Pflanzen und Mutter Erde?

Meinst Du diese Beziehungskiste?
Die ist doch Voraussetzung von allem!
Ohne Mutter Erde gäbe es weder
Pflanzen noch all das andere ...

Ja, okay und Afrika?

wie Afrika

Na was ist mit den Pflanzenseelen
in Afrika und Amerika und so?

Oh, das ist ein Missverständnis

Mit der uralten Welt Afrikas
haben wir aus der alten Welt Europas
nicht so viel gemeinsam

die Schwingungen sind bisweilen
so unterschiedlich wie
Grashalme und Kieselsteine

dafür gibt es dann in Afrika
und in Amerika Schamanen,
Amazonen und Lichtkrieger
viele Leute denken: ein Mensch
ist ein Mensch ist ein Mensch
anatomisch vielleicht
jedoch nicht in der Schwingung

Verstehe, okay, danke!

Na dann ist unserem kleinen
Gedankenband wohl
nicht mehr viel hinzu zu fügen

Franky & Nicole

~ Das SeelenWiesenProjekt ~

Die Seele ist unser kostbarstes Gut.

Unsere Vorfahren in den nordischen
Ländern bemühten sich sehr um das
Wohlergehen der Seele, wie es heute noch
in fernöstlichen Kulturen der Fall ist.

Durch verschiedene Formen der
Beschreibung in Geschichten, Gedichten,
mit Ratgebern und Erfahrungsberichten, mit
Seminaren und Erzählabenden am Feuer
möchte das Seelenwiesenprojekt als lose
Interessen-Gemeinschaft all diejenigen
zusammenbringen, denen Heilung und
Gesundheit der Seele am Herzen liegen.

Wir möchten unser Gefühl für die Seele
vertiefen, einen Einklang zwischen Körper,
Geist, Aura und Seele zu einer leichten,
liebevollen Schwingung schaffen,
Seelenanteile zusammenführen, die
manchmal verstreut sind über die
Anderswelten oder an Personen haften, sich
sehnen in den Schoß eines heilen Ganzen
zurückzukehren.

Vita

Nicole Taebi, Hüterin der Erde,
Freundin der Pflanzen, Mutter dreier
Kinder, Lernbegleiterin vieler Kinder
Hüterin eines Wohlfühlortes für
Pflanzen, Menschen, Tiere und beseelte
Objekte.
* 1980 in Göttingen, lebt in Zürich

Literatur: * Pflanzenseelen *

Die Bilder „Wurzeln" und „Intuition" sind in den Rauhnächten des endenden 2023 und beginnenden 2024 in den Flumserbergen auf einer Höhe von 1300 Metern, mit Blick auf die Kurfürsten entstanden. Sie sind aus der Füllfeder meiner Urgrossoma Edith geflossen, Aquarell koloriert, in starker Verbindung zu meinen Ahnen.

Nicole

Vita

Franky (Frank Körber), * 1959 in Göttingen, Musiker, Autor, Dichter, Reiki~Meister, nach Dr. M. Usui, seit 2017

Literatur:

Ab ca. 1980 * Grabesdunkel * Luis oder die Geschichte vom Traumland * Esoterica * Nornenfieber * Elfenheim * Mythenring * Die Harmonie des Lebens * Die Schwingen des Lichtes * Pflanzenseelen *

Musik: Sänger, Bassist, Songwriter, seit 2010 Skaldea (Hardrock)

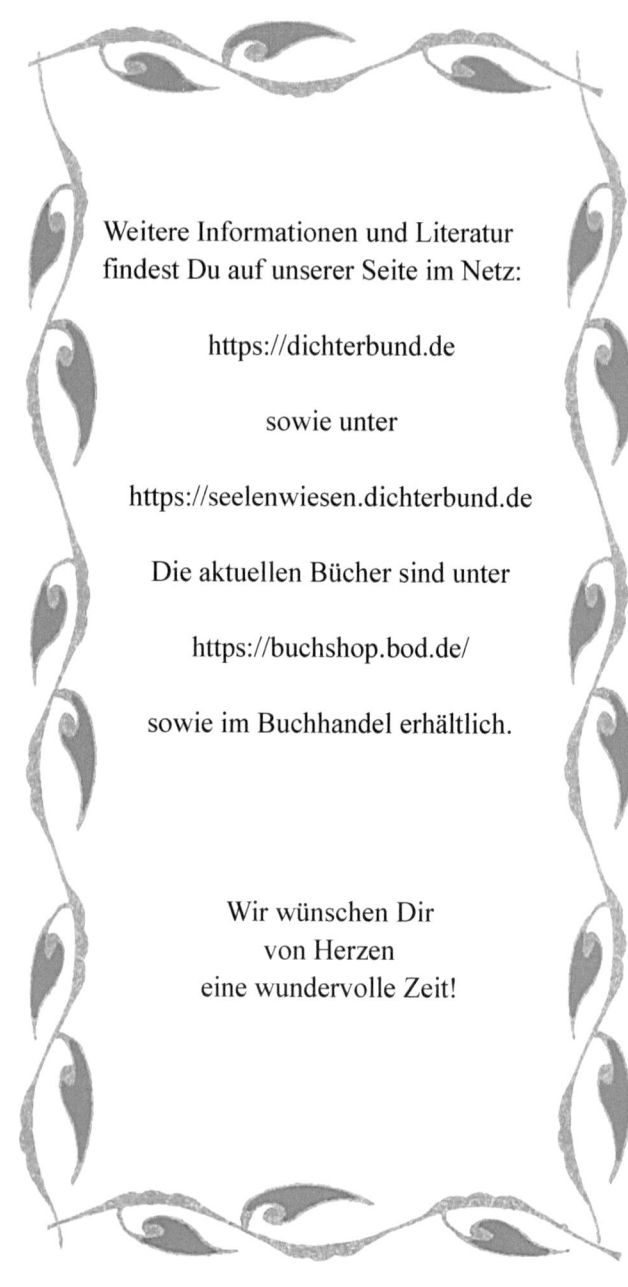

Weitere Informationen und Literatur
findest Du auf unserer Seite im Netz:

https://dichterbund.de

sowie unter

https://seelenwiesen.dichterbund.de

Die aktuellen Bücher sind unter

https://buchshop.bod.de/

sowie im Buchhandel erhältlich.

Wir wünschen Dir
von Herzen
eine wundervolle Zeit!